Monica Isakstuen

Elternteile

MONICA ISAKSTUEN

ROMAN

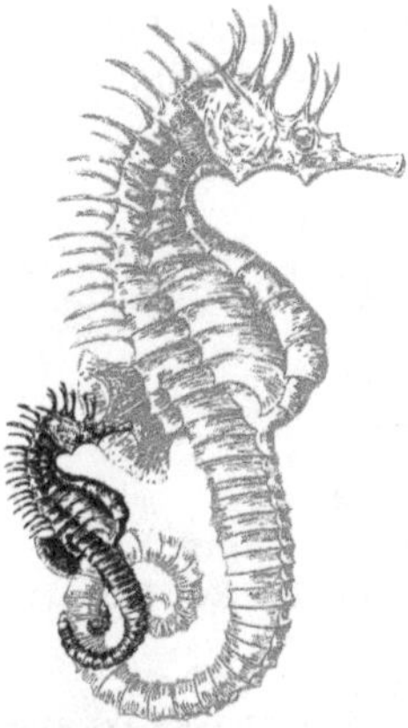

ELTERNTEILE

Übersetzung aus dem Norwegischen von
Ina Kronenberger

eichborn

Eichborn Verlag in der Bastei Lübbe AG

Titel der norwegischen Originalausgabe:
»Vær snill med dyrene«

This translation has been published with the financial Support of NORLA.

Diese Übersetzung wurde mit der finanziellen Unterstützung von NORLA, Norwegian Literature Abroad, veröffentlicht.

MIX
Papier aus verantwortungsvollen Quellen
FSC® C014496

Textredaktion: Friederike Achilles, Köln
Umschlaggestaltung: Christiane Hahn, www.christianehahn.de
unter Verwendung eines Motivs von © Nocturnus_DigitalVision Vectors/getty-images
Satz: Urban Satzkonzept, Düsseldorf
Gesetzt aus der Meridien LT
Druck und Einband: GGP Media GmbH, Pößneck

Printed in Germany
ISBN 978-3-8479-0643-8

5 4 3 2 1

Sie finden uns im Internet unter www.luebbe.de
Bitte beachten Sie auch: www.lesejury.de

Ein großes Dankeschön
an Inger, Mattis, Bernhard
und die Kinder.

Send somebody to me tonight
send somebody bolder
send someone not likely to break
send someone who's older
send a soldier

Highasakite, Someone Who'll Get It

1

Anna kam zur Welt, während im *Christiania GlasMagasin* gerade die übliche Rabattaktion der Nachweihnachtswoche stattfand. Als meine Mutter uns im Krankenhaus besuchte, war sie sichtlich stolz auf ihr Geschenk, es tanzte vor ihr durch die offene Tür: ein Dutzend Christbaumkugeln, die durch die Luft schwebten. Ich stillte gerade, und sie blieb mitten im Zimmer stehen. Sieh mal, mein Goldschatz, was ich dir mitgebracht habe, sagte sie, und für einen kurzen Moment fühlte ich mich angesprochen – zu unrecht. Das ist ja schön, sagte ich und nickte zu dem Geschenk, wie nennt man so was? Ein Weihnachtsmobile, sagte sie, ich habe es selbst gebastelt. Jetzt sah ich, dass die zerbrechlichen glänzenden Kugeln mit dünnen Nylonfäden an zwei Holzstäbchen befestigt waren, die wiederum von einer Stecknadel zusammengehalten wurden. Es ist ein Geschenk mit Seltenheitswert, fügte sie hinzu, die diesjährige Kollektion gibt es nur in begrenzter Anzahl, normalerweise kosten die Kugeln ein Vermögen, du siehst ja: glasiertes Porzellan und Kristall. Vielen Dank, sagte ich. Ja, ich weiß ja noch, wie gern du als Kind den Weihnachtsschmuck aufgehängt hast, darum dachte ich, wir könnten auch für dein Töchterchen ein paar schöne Traditionen ins Leben rufen, sagte sie. Sie hatte ihren Mantel noch nicht abgelegt, schnippte vorsichtig gegen eine der roten Kugeln und wollte uns zeigen, wie diese das Licht einfing. Annas Vater lächelte. Großartig, sagte er. Seit Anna auf der Welt ist, bringt er Adjektive in Umlauf, von denen ich nicht einmal geahnt habe, dass er sie kennt: bezaubernd, reizend, entzückend, wunderbar, himmlisch, überwältigend, wunderschön. Meine Mutter nickte. Das Beste ist, dass man die Kugeln jetzt über ihre Wiege hängen und sie später, wenn die Kleine groß genug ist, um allein damit umzugehen, von den Stäbchen lösen kann. Dann können wir beide zusammen den Weihnachtsbaum schmücken. Falls ihr Platz für einen Baum habt, wohlgemerkt. Ihr werdet euch ja sicher bald nach einem Haus umsehen, jetzt, wo ihr Zuwachs bekommen habt. Die Konsequenzen aus dem Erwachsenenleben ziehen. Annas Vater und ich tauschten Blicke, er zwinkerte mir zu. Wir hörten uns an, was sie sagte, dachten dasselbe, wir waren zu zweit. Ihre Worte trafen mich nicht mehr so wie früher, denn jetzt hatte ich *das hier,* meine eigene kleine Familie, Anna, ihn und mich. Zusammen konnten wir über die kleinen Giftpfeile lachen, die in die Luft geschossen wurden. Solange das Ziel gut beschützt war, schwirrten sie orientierungslos herum, büßten zunehmend an Gefährlichkeit ein, lösten sich irgendwo zwischen unseren lächelnden Mündern auf und verschwanden.

Von der ersten Begegnung bis zur Bestätigung des Liebesverhältnisses und vielleicht noch ein paar Monate darüber hinaus expandiert der Handlungsspielraum – ist ein zunehmend größer, lauter werdendes, ein gewaltiges JA! Ein Echo der Wünsche des anderen, das Zusammentreffen von Bedürfnissen und Träumen, etwas Weiches, Elastisches, das sich ausdehnt, streckt, schaukelt, das dem, was schon da ist, Raum gibt und auch dem, was noch kommt. Sogar das Ungesagte findet seinen Platz, Bekenntnisse, die geäußert werden und friedlich zwischen den beiden ruhen können, bei allem, was möglich scheint. Doch so wie nichts wachsen kann, ohne irgendwann wieder in sich zusammenzufallen, Teig, der aufgeht und aufgeht, Fasern, die sich ausdehnen, Luft, die eindringt und immer mehr Raum einnimmt, so verhält es sich auch mit dem Raum zwischen den beiden, zwischen ihm und ihr, er kann nicht ewig wachsen, das wäre widernatürlich, gegen alle Gesetze.

Mitten im vierten Monat verunsicherte uns eine Flüssigkeitsansammlung. Auf dem Ultraschallmonitor meiner Hausärztin war sie nicht klar und detailliert genug zu erkennen, außerdem fehlte es der Ärztin an der notwendigen Expertise, die Bilder zu deuten, und ich schaffte es, mir das Schlimmste auszumalen. Das Internet erzählte mir, dass Wasseransammlungen im Körper ein Hinweis auf beschädigte oder unterentwickelte Organe sein könnten, Symptome eines größeren Defekts, Syndrome, zu viele Chromosomen. Ich bekam fürchterliche Angst. Ich schämte mich für meine Angst. Ein Kind ist ein Kind ist ein Kind, egal, ob es gesund ist oder schief in einem Rollstuhl hängt, zitternd und taub. Nein. Ein solches Kind wollte ich nicht haben. War keine von denen, die die *Kraft* haben, mit allen möglichen Behinderungen zurechtzukommen, die weiterhin Kinder in die Welt setzen in der Hoffnung, dass das nächste Kind für das erste entschädigt, die sich einzureden versuchen, dass sie sich nicht fürchten und auch nicht den Halt verloren haben, die zeigen wollen, dass ihre Körper vollkommene Geschöpfe hervorbringen können, die sich in vernünftigen Outdoorklamotten interviewen lassen, Knisterknister macht es, wenn sie aufstehen und vom Fernsehbild verschwinden.

Früher musste man nehmen, was kam. Musste die Hand ohne Finger lieben, den schiefen Rücken, das für immer verklebte Auge, den stummen Mund, die Ohren, die nicht hörten, den schlaffen Körper auf dem Arm, das Kind, das niemals laufen lernen würde. Musste sein Kind lieben oder wenigstens so tun als ob.

Das Schönste, was ein Mensch zu mir gesagt hat? *Sie sieht wunderschön aus. Eine kleine Zyste außen am Magen, mehr ist es nicht. Das gibt sich von selbst, oder wir lösen das Ganze mit einem kleinen Eingriff nach der Geburt. Darüber muss man sich wirklich keine Sorgen machen.*

Wir beide umarmten uns, er und ich, und waren uns einig, dass von jetzt an nichts mehr schiefgehen könnte. Was man vor Erleichterung nicht alles sagt.

Ich habe sie ausgetragen, zur Welt gebracht, sie an die Brust gelegt, gestillt. Ich sage nicht, dass ich eine Rechnung aufmachen will, ich sage nur, dass es mir am liebsten wäre, reichten die körperlichen Vorgänge als Erklärung aus. Sie sprächen für sich, und ihre Rede wirkte so überzeugend auf die Umgebung, dass eventuelle Gegenargumente kraftlos zu Boden fielen.

Wir verkauften meine Wohnung, verkauften seine Wohnung, kauften uns ein Haus. Ein altes Haus, ein paar der Zimmer waren renovierungsbedürftig, wir renovierten sie: Das Dach musste abgedichtet werden, wir dichteten es ab. Wir entwässerten den Garten, richteten den Keller her, setzten neue Fenster ein. Verlegten einen neuen Wohnzimmerboden, legten die traditionellen Weihnachtsrippchen ein, trugen einen Christbaum ins Haus. Wir möblierten die Küche neu, stellten einen Kachelofen auf, pflanzten Obstbäume, legten im Garten einen Komposthaufen an. All die Energie, die wir einander gaben und voneinander bekamen, jeder war des anderen Tank. Mit der überschüssigen Energie backten wir Brot und pflanzten Kräuter an, kochten Essen, das den Alltag *aufwertete,* wir machten Wochenendbesuche und Urlaubsreisen, die auf den ersten Blick noch Furcht erregend wirkten, aber dann dachten wir: Die Zweisamkeit um ein kleines Kind herum soll für uns beide nicht das Ende sein. Den Alltag aufwerten aufwerten aufwerten. Anna feierte ihren ersten Geburtstag. Gelegentlich verspürte ich eine unbestimmte Verärgerung, eine Unzufriedenheit hier und da, die in manchen Gesprächen über Arbeitsteilung lauerte, die aus mir herausschwappte, wenn wir über die Pflege der Paarbeziehung sprachen. Dinge laufen nicht von allein, sagte ich. Dinge liefen übrigens auch für andere Menschen mit kleinen Kindern nicht von allein. Aber auch nach diesen Diskussionen gab es immer noch uns beide, ihn und mich, diese kleine Familie in diesem Zuhause, wir fühlten uns sicher. Ich sortierte Winterklamotten und Frühlingsklamotten, Sommerklamotten und Herbstklamotten und die Deko für verschiedene

Feiertage in ausgeklügelte Regalsysteme, ich lernte stricken, auf der Arbeit übernahm ich die Verantwortung für Abendveranstaltungen, und ich traf mich regelmäßig mit Freunden. Das weiß ich noch. Es war einfach in mir drin. Ein Salatblatt unter dem Brotaufschnitt, Brotteig mit Hefe, Freunde zum Essen, Wochenendaktivitäten an frischer Luft, Sommerklamotten nach oben, Winterklamotten nach unten.

Sie feierte ihren zweiten, ihren dritten Geburtstag. Darüber hinaus weiß ich nicht genau, was passierte. Ich backte, spachtelte, pflanzte, reiste, schmorte, sortierte weiter. Wir hatten gerade Weihnachten gefeiert, ich packte Weihnachten in zwei Kisten, die in den Keller sollten. Annas Vater lag auf dem Sofa, ich muss irgendetwas in Richtung Mithelfen gesagt haben, irgendeine Kleinigkeit, aber in den letzten Monaten hatte der Wind gedreht, und folgendes Szenario wiederholte sich in immer kürzeren Abständen: Einer stand vom Sofa auf und schrie, schlug gegen die Wand, riss die Tür auf und knallte sie wieder zu, forderte eine Reaktion, verdammt verdammt verdammt!, und dieses Mal war ich diejenige, die nicht zuließ, dass *der andere* sich abreagierte, die unbedingt widersprechen musste, ein lautes Mal, ein langes Mal, ein entschiedenes Mal, so verflucht typisch für mich, dass man mein Verhalten gegen mich verwenden könnte, ich dachte, wir wären allein, ich hatte sie gleich nach dem Essen aufs Sofa gelegt und mit eigenen Augen gesehen, wie sie eingeschlafen war, aber jetzt war sie wach, und ich sah sie nicht, sah sie nicht dort stehen, neben den Bücherregalen, hinter dem Sessel, ich war völlig darauf fixiert, etwas zu Boden zu werfen, zu zertrümmern, ich musste etwas zu Boden werfen und zertrümmern, und dort lagen ihre Autos, ich dachte nicht darüber nach, hob nur eins davon auf, das blaue, und schmetterte es zu Boden, und es zerbrach natürlich, und jetzt sah ich sie plötzlich, denn jetzt gab sie einen Laut von sich, sie hatte die ganze Zeit dagestanden und nichts gesagt, oh Gott, ich hätte sie treffen können, ich wusste nicht einmal, dass sie hinter dem Sessel stand. Man hört jene, die nichts sagen, nun mal nicht, aber jetzt sagte sie etwas. *Weg,* sagte sie. *Auto weg. Meine Mama,* sagte sie noch. Und in mir ratterte etwas los, eine Aufrechnung meiner guten gegen meine schlechten Eigenschaften, was man mir im Falle eines Bruchs vorwerfen könnte, in einem Sorgerechtsstreit, die vielen großen und kleinen Vergehen, derer ich mich schuldig gemacht hatte, allen voran bedrohliches Verhalten vor ihren Augen, ich hatte etwas kaputt gemacht, das ihr gehörte, ich hatte geschrien, um mich geworfen und ihr Angst eingejagt, und irgendetwas ging zu Bruch, etwas ging kaputt, es löste sich einfach und verschwand, die letzten Teile eines Gerüsts vielleicht, der letzte Rest an Geborgenheit für uns beide, für ihn und mich, dann gab es nur noch mich, und wenn ich imstande war, mich in seiner Anwesenheit so zu verhalten, wie würde ich mich dann erst aufführen, wenn ich mit ihr allein war? *Meine Mama?,* wiederholte Anna. Ja, sagte ich, ja, Anna, ich bin deine Mama.

Nicht länger Liebende in der Nacht; schwere Baumstämme, die auseinandertreiben. Zwei Unterbewusstseins erleben denselben Traum, Körper stehen einander an den Ufern eines langsam fließenden, rasch anschwellenden Stroms gegenüber, ich weiß, wie es ausgehen wird, schreit der eine, wer von uns beiden schreit, ist nicht klar, es ist noch nicht vorbei, du weißt gar nichts, schreit der andere.

Der Mensch erzeugt im Schnitt 82 Liter Tränen pro Jahr. Nicht mitgerechnet Tränen, die er weinend vergießt. Die 82 Liter beinhalten nur diejenige Flüssigkeit, die die Tränenkanäle absondern, um das Auge zu schützen, etwa 225 Milliliter am Tag. Berücksichtigt man vergossene Tränen, steigt die Menge drastisch an, da Tränen nicht ausschließlich aus den Augen herauslaufen, sondern auch aus der Nase. Wir reden hier von vielleicht 200 Litern. Darum gefällt mir der Gedanke, dass es einen Durchschnitt gibt, eine rechnerische Annäherung an die Mindestaufgaben des Körpers, dass jemand gemessen, gemessen und nochmals gemessen hat, nachgezählt, erneut gemessen, ausgerechnet, gegengerechnet und seine Ergebnisse aufgeschrieben. Ich möchte gern glauben, dass ich mich, wenn die Abweichung über längere Zeit anhält, wieder rückbesinnen kann, es gibt da vorne eine unausgesprochene Normalmenge, eine viel kleinere vorgesehene Anzahl an Litern.

Wie erklärt man seinen Kindern, dass die meisten Beziehungen in ihren ersten Lebensjahren in die Brüche gehen, dass in dieser Zeit die Konflikte entstehen, die Unzufriedenheit, die Streitereien, Teller, die zu Bruch gehen, Kissen und Decken, die mitten in der Nacht aufs Sofa wandern, all die vielen Missverständnisse und Streitereien und angedrohten Scheidungen und ewige Verdammnis, weil man so hundemüde ist, dass man auf dem Weg zum Briefkasten, zur Mülltonne oder auf dem Klo einschlafen könnte, mit dem Kopf an der Wand. Davor – bevor ihr kamt, mit offenen Mündern schreiend hungrig ewig wach – sprachen wir freundlich miteinander, gab es Liebe. Sorry, tut uns leid, aber ihr habt gefragt, und jetzt sagen wir einfach, wie es ist.

Wenn sie sich später im Leben daran erinnert, dass ihr Vater und ihre Mutter einmal Geliebte waren, werden die Erinnerungen den Fachbüchern zufolge als nicht aktivierte Gefühle in ihr abgelegt sein. Die Chance, dass sie sich konkrete Bilder oder Geschichten in Erinnerung rufen kann, ist verschwindend gering. Dafür ist sie zu jung, das Gehirn zu wenig entwickelt. Es sei denn, jemand erzählt ihr die Geschichten. Es gibt zum Beispiel ein Weihnachtsfest, ein paar Urlaube und den ein oder anderen Nachmittag, über die ich gerne sprechen könnte, Zeiten, in denen wir friedlich waren, noch Luft zum Atmen fanden, einen Anflug von Gemeinsamkeit, ohne dass es um praktische Handlungen oder die Vermeidung von Beleidigungen in ihrer Anwesenheit ging. Die Tage in Griechenland vor nur acht Monaten, wenn ich frühmorgens aufstand, die beiden Körper in ihren jeweiligen Zimmern im dritten Stock eines Wohnkomplexes zurückließ, die Tür hinter mir zuzog und durch die Straßen lief, ich hätte jeden Tag das nächste Geschäft aufsuchen können, aber ich entschied mich für den kleinen Laden am Dorfrand, dorthin wollte ich, ich brauchte fünfzehn Minuten pro Weg. Honig, Joghurt, Müsli, Orangensaft, Kaffee, Wein, Toilettenpapier, Bananen, vielleicht einen Badeball für sie, vielleicht eine Zeitung für ihn und eine für mich, Sonnencreme, Nüsse, Wasser, jeden Morgen etwas mehr, als ich tragen konnte, sodass der Rückweg mühsamer ausfiel als gedacht, ich musste die Tüten unterwegs absetzen, sog die Seeluft, die Aussicht und das Rascheln der Eukalyptusbäume am Straßenrand ein und ging weiter, ermuntert vom Lächeln der alten Frauen und Männer, die in kleinen Grüppchen an Häuserecken zusammenstanden, ich stellte mir vor, dass sie sagten, habt ihr schon mal so eine tapfere Frau gesehen. Der Moment, wenn ich die Wohnungstür aufschloss, in der Regel waren jetzt beide wach und saßen schon erwartungsvoll auf dem Balkon, sein Blick und meiner, wenn ich die Waren in den Kühlschrank räumte, Erleichterung oder Dankbarkeit, ich hatte beschlossen zurückzukommen, er hatte beschlossen, dort zu sitzen, auf diesem Stuhl, er hatte beschlossen weiterzumachen. Und Anna, was ist mit ihr? Was sah ich in ihrem Blick? Ich glaube, sie freute sich über den Badeball. Blau. Vielleicht wird sie sich einmal daran erinnern, findet ihn unten in einer Netztasche, zusammengepresst und mit Sandkörnern im Ventil. Noch immer rieche ich schwach den Duft von Salz und Sonnencreme, wenn ich die Augen schließe.

In den ersten Minuten nach ihrer Geburt hatte sie Omas Blick. Mehr Klischee geht nicht, es sollte verboten sein, aber nein! Da war er, Omas Blick im Liegestuhl unterm Birnbaum, wenn sie sich zu meiner Fahrradklingel umdrehte, ja, hallo!, du bist's!, aufrichtiges Erstaunen und Wiedersehensfreude in ihrem Blick. Eine solche Warmherzigkeit kann man nicht spielen. Anna ist genauso warmherzig, das sah ich sofort, voller Erleichterung. Und ich schwor mir hoch und heilig, alles zu tun, um ihr diese Warmherzigkeit nicht zu nehmen.

Weg mit allem, was zu klein geworden ist, weg mit allem, was nicht mehr benutzt wird, weg mit allem, was nicht mehr funktioniert. Als ich mich schließlich zum Auszug entschloss, war ich so geübt darin, Dinge auszusortieren, wegzuwerfen und wegzupacken, dass ich nicht mehr als sechseinhalb Stunden brauchte, um das, was mir gehörte, hinauszuschaffen.

Er war an dem Abend verreist. Ich dachte, ich hätte die Anzahl der Kisten richtig berechnet, doch kurz bevor ich mich durch die Bücherregale im Wohnzimmer gearbeitet hatte, jetzt offen stehende zahnlose Mäuler, gingen mir die Kisten aus. Anna war gerade eingeschlafen, der Laden befand sich ein Stück die Straße hinunter, mit dem Auto würde ich drei Minuten brauchen. Kein Mensch wusste, dass ich mit ihr allein war, dass sich hier drinnen ein Kind befand. Ich zählte die Minuten im Auto, rannte über den Parkplatz durch die Schiebetüren, die viel zu langsam aufgingen, die Rolltreppe hinauf, in die Regalreihen riss zehn große flache unhandliche Pappscheiben an mich so hatte ich jedenfalls genug nach acht Minuten war ich an der Kasse nach elf Minuten warf ich die Sachen in den Kofferraum nach dreizehn Minuten bog ich in die Einfahrt nach sechzehn Minuten schloss ich die Wohnungstür auf und alles war still und der kleine Körper lag ganz selbstverständlich da so wie er es sollte wie ich ihn zurückgelassen hatte Entschuldigung flüsterte ich Entschuldigung ich werde es nie wieder tun, aber woher konnte sie wissen, ob das stimmte.

Niemand soll seinen Vergehen entkommen.

Ich wurde von meinem eigenen Schreien geweckt, etwas oder jemand hatte versucht, mich zu erwürgen, ich schlief wie üblich auf dem Bauch, und etwas oder jemand in dem nachtschwarzen Zimmer hatte sich auf mich gestürzt und mit aller Macht auf die Matratze gedrückt, in die Matratze hinein, und darum gab ich dieses wilde und verschreckte Gebrüll von mir, woraufhin mich etwas oder jemand plötzlich losließ und ich wieder atmen konnte. Ich wagte nicht, mich umzudrehen, ich lag wach, bis das Licht gegen vier Uhr auf den Boden fiel. Ich vermisse nicht *ihn*, redete ich mir ein. Sondern die Möglichkeit, jemanden wecken zu können und zu sagen: Kannst du mich in den Arm nehmen, ich habe solche Angst.

Sommer, helle Tage und ein Körper voll panischer Kraft, ich begriff das Ausmaß dessen, was ich getan hatte, nicht. *Was ich getan hatte.* War nur darauf fixiert gewesen, raus aus dem Haus hinein in die kleine Dachgeschosswohnung zu kommen, die Anna, mich und die Dinge, die wir dabeihatten, aufnehmen sollte, Dinge, die Menschen dazu brachten, von einem Zuhause zu sprechen. Ein Porträtfoto, eine grüne Topfpflanze, Decken, Kleider, Spielsachen, Bücher, Küchengeräte, unsere Hausschuhe. Und als ich zusammen mit vierundzwanzig Umzugskisten, Müllsäcken und Regalbrettern vor der Tür zu den drei leeren Zimmern mit Küche, Bad und Fenstern zum Himmel stand und alles möglich schien, weil wir nur zu zweit waren, sie und ich, in diesen neuen Räumen, dachte ich, der schlimmste Teil läge hinter mir.

Wenn die Leute fragten, sagte ich, wir hätten uns geeinigt. Die Beziehung funktioniere nicht mehr, für Anna wäre es nicht schön, so aufzuwachsen. Die allermeisten schienen sich mit pragmatischen, demokratischen Erklärungen zufriedenzugeben. Wir hatten den Hausrat und alle beweglichen Güter vernünftig aufgeteilt, jetzt ging es darum, die Bankkonten und Kredite mit demselben nüchternen Blick zu betrachten. Siehst du, klappt doch. Die Hälfte für dich, die Hälfte für mich. Dann kamen wir zum Kind.

Zwei Frauen bringen einen kleinen Jungen zu König Salomo. Er gehört mir!, schreit die eine. Hübsch und hell und anmutig. Nein, mir!, schreit die andere. Auch sie ist hübsch, aber dunkler, gefährlicher. Irgendwie hängt es mit ihren geschminkten Augen zusammen und dem vielen Schmuck. Sie lügt, das Kind gehört mir und sonst niemandem, schreit die Helle. Nein, nein, nein, es gehört mir, das seht Ihr doch, schreit die Dunkle. Da geschieht es. Hört her, sagt König Salomo ruhig. Im langen weißen Gewand und mit freundlichem wettergegerbten Gesicht, das alle Ruhe dieser Welt ausstrahlt. Die Sache lösen wir ganz einfach. Wir schneiden das Kind entzwei. Dann bekommt jede von euch einen Teil, und alle sind zufrieden.

Ja?

Jemand muss die Verantwortung übernehmen, eine Entscheidung treffen. König Salomo zieht einen großen Säbel aus der Scheide und hält das Kind mit einer Hand in die Luft, macht sich bereit, es zu durchtrennen. Nein! Nein, nein, nein, tut es nicht!, heult die Helle und wirft sich unserem Mann, dem überirdisch weisen König, zu Füßen. Gebt ihn lieber ihr, ruft sie, tut, was immer ihr wollt, nur tötet ihn nicht, bitte. Da senkt Salomo den Säbel und sagt laut und ruhig zu der dunklen Frau, wenn sie nicht sterben wolle, solle sie sich auf der Stelle fortscheren, dann beugt er sich zu der Hellen hinunter, reicht ihr das Kind und sagt laut und ruhig, sie solle den Jungen mitnehmen und nach Hause gehen, denn sie sei die wahre Mutter des Kindes.

Sorgerechtsstreit anno 900 v. Chr.

Tief in unseren trauernden Körpern schwelt etwas weiter: Was hätten wir anders machen können, was hätten wir anders machen können, was hätten wir anders machen können, und wie sähe die Sache dann aus?

Dein Problem sind deine romantischen Vorstellungen von der Beziehung zwischen Mann und Frau, sagte meine Mutter. Das Zusammenleben mit deinem Vater war auch kein Zuckerschlecken, kann ich dir sagen, aber wäre es nach mir gegangen, wären wir immer noch zusammen. Man kann nicht gleich nach fünf Minuten hinschmeißen, man kann nicht das ganze Projekt beerdigen, nur weil die erste Verliebtheit vorbei ist. Hätte ich so gedacht und hätte ich nicht so lange gekämpft, wäre die Beziehung schon viele Jahre früher vorbei gewesen, dann gäbe es weder dich noch deine kleine Schwester. Man muss kämpfen. Und kämpfen. Und nochmals kämpfen. Den anderen küssen, auch wenn man gerade keine Lust dazu hat. Dann stellt sich die Lust mit der Zeit vielleicht ein. Die Rechnung ist eigentlich ganz einfach, Karen. Man muss investieren.

Noch lange, nachdem ich ausgezogen war, hielt sie ihre Vorträge im Präsens, als wäre der Prozess reversibel: Wenn sie nur das Richtige auf die richtige Art sagte, würde sich ihre Tochter besinnen und die richtige Entscheidung treffen, zurückgehen und alles rückgängig machen. Erase and rewind. Aber wir haben die Papiere längst ans Familiengericht geschickt und sie auch zurückbekommen, anerkannt und registriert, sagte ich. Glaubst du wirklich, der Richter stellt seine eigene Arbeitszeit über das Glück der Leute, antwortet sie. Nichts macht den Richter glücklicher als Menschen, die wieder zueinanderfinden. Wir sprechen schließlich nur von einem Blatt Papier. Papier kann man zerreißen.

Als die ersten Wochen der Sommerferien vorbei waren, rief sie an und wollte über Weihnachten reden. Es sei vielleicht noch etwas zu früh dafür, gab ich zurück. Zurzeit dächte ich nicht weiter als bis zur nächsten Stunde, zum nächsten Tag, ich versuchte zu lachen, sie fand es nicht lustig. Wie man's nimmt, sagte sie. Wir haben heute den 15. Juli, aber plötzlich ist Herbst, Oktober und November, und schon ist Advent, und dann kann es von Vorteil sein, wenn man Pläne gemacht hat, was geschehen soll und wo man sein will. Einfach auch, mit wem man zusammen sein will. Sie mache sich Sorgen, sagte sie, wie es mit den Geburtstagen, Ferien und Feiertagen aussehe. Sei es zum Beispiel so, dass sie jedes zweite Jahr auf eine Weihnachtsfeier mit ihrem Enkelkind verzichten müsse? Und auf den Geburtstag am 29. Dezember? Das weiß ich nicht, sagte ich. Wir hätten die Details der Aufteilung noch nicht abschließend geklärt, erklärte ich. *Aufteilung,* sagte sie. Du hörst dich an, als wäre deine Tochter ein Service. Ich sah mich nach seinem Blick um, seinem Zwinkern, der kurzen Bestätigung, dass es uns nichts anhaben konnte, aber er war nicht da, ich war allein, und die Pfeile flogen mit Karacho auf meine Gehörgänge zu, trafen ihr Ziel.

Für Tiere ist die Sache einfach. Das Kind gehört zu dem Körper, der es geboren hat.

Die Diskussionsforen unter Onlineartikeln über Scheidungen und Sorgerechtsstreitigkeiten offenbarten, dass sich ein Großteil der Frauen wünschte, *der andere* würde sterben. Erdbeben, Wohnungsbrand, Flugzeugabsturz, Massenkarambolage, Erdrutsch, Dachlawine, Erstickungstod. Man muss sich für böse Gefühle nicht schämen, schrieb eine der eifrigsten Debattiererinnen, sie gab zu, den Gedanken schon oft gehabt zu haben. Man solle sich Rachegedanken ruhig eingestehen, der Weg vom Gedanken zur Tat sei ohnehin lang, und Hass gerate nicht zwangsläufig mit mütterlichen Eigenschaften in Konflikt. Du kannst eine liebevolle Mutter sein, auch wenn du von plötzlichen Unfällen träumst, behauptete sie.

Praktische Informationen für den, der noch nie dort war: Der Fußboden im Korridor der Familienberatungsstelle ist mit beige gesprenkeltem Linoleum ausgelegt. Eierschalenfarbene Streifentapeten zieren die Wände, und vor allen Türen befinden sich Namensschilder, wie man sie für den eigenen Briefkasten anfertigen lassen kann, weiß mit schwarzer Schrift, man kann sie so oft austauschen, wie man will, ohne dass größere Kosten anfallen oder Arbeitseinsatz erforderlich ist, und sie vermitteln den Eindruck, alles sei sehr ordentlich. Hinter diesen Türen arbeiten Fachleute, die genau wissen, wann sich eine Familie auflösen sollte und wie.

Neugestaltung, sagten die Fachleute. *Bindungsproblematik* und *alternative Lebensformen.* Sie sprachen von *getrennten Wohnungen,* die *optimale Entfaltungsmöglichkeiten* böten, ein *polarisiertes Aufwachsen* verhinderten und *Beziehungserfahrungen* stärkten. Sie wollten sich vergewissern, dass wir die *Zweifelsphase,* die *Vorbereitungsphase,* die *Erkenntnisphase* und die *Entschlussphase* durchgemacht hatten. Ich nickte. Er schüttelte den Kopf und sagte: Karen hat die ersten drei Phasen übersprungen und ist durch die vierte galoppiert, ohne sich auch nur einmal umzudrehen. So sah unsere Gesprächsform bei der Familienberatungsstelle aus: Reden, als wäre der andere nicht da. Hallo, sagte ich, wenn man will, dass sich jemand umdreht, kann man nicht einfach stehen bleiben und auf Gedankenübertragung hoffen. Dann muss man verdammt noch mal den Mund aufmachen und rufen.

Regenwürmer, die durchtrennt werden, kriechen weiter. Aus dem Grund könnte man versucht sein zu glauben, beide Teile würden überleben. In Wirklichkeit verhält es sich aber so: Ein halber Wurm kriecht nur so lange weiter, wie er Nahrung in sich trägt.

Ein erbauliches Bild, fand meine Freundin. Welche Vergleiche ich sonst noch zöge, um mich zu trösten, wollte sie wissen. Hatte ich weitere Gemeinsamkeiten zwischen Ringelwürmern und Menschenkindern gefunden? Ich erklärte ihr, dass ich mir Wissen anlas, das war meine Methode, das Problem zu beleuchten und Rettung zu finden. Das Einzige, was sich stets reinigend auf meine Wunden ausgewirkt hatte, waren Filme und Bücher gewesen, warum sollte es dieses Mal anders sein, auch wenn ich möglicherweise nicht zu hören bekam, was ich hören wollte. Und was wäre das?, fragte sie. Vielleicht etwas, das mir versichert, dass ich den laufenden Meter, der eine Blaupause meiner Augen und meines leicht vorstehenden Kinns mit sich herumträgt, nicht kaputt mache, antwortete ich. Oder etwas, das dir eventuell klarmacht, dass du *gerade* das tust, sagte meine Freundin. Sie spitzt Dinge gern zu, geht davon aus, dass sich dem, der zuhört, der Irrsinn der Logik offenbart. Früher, als ich noch Humor hatte, das heißt vor diesem Sommer, lachte ich über ihre Äußerungen, parierte sie mit Bemerkungen, die mindestens ebenso scharfkantig waren. Jetzt dachte ich nur: Ja. Du hast es erkannt.

Schlichten, ich schlichte, ich schlichtete, ich habe geschlichtet. Während andere Familien mit kleinen Kindern den Grill hervorholten und die ersten Mahlzeiten des Frühsommers im Freien einnahmen, befanden wir uns in der Familienberatungsstelle hinter geschlossenen Türen und Fenstern. Drei Wochen, neun Sitzungen. Hektische Hitzeflecken auf den Wangen, schwindendes Unterhautfettgewebe. Der Notvorrat an Schlaf und klaren Gedanken gab nichts mehr her. Dennoch schienen die Leute der Erschöpfung eine gewisse Schönheit abzugewinnen. Leidensästhetik. Wie du strahlst!, sagten sie zu mir, Kollegen, Bekannte, Nachbarn. Ich hatte mich noch nie müder, schwerer, dünner gefühlt. Knochen unter den Kleidern. Anna bekam alles zu essen, was sie wollte, sie verbrennt Kalorien wie ein Hochleistungssportler. Mehr Eis? Mehr Waffeln? Drei weitere Schokoladentafeln? Sie musste gemästet werden, ich musste sie wappnen für das, was ihr bevorstand. Meine Hälfte durfte nicht aufhören zu kriechen.

Die in einem Zustand der Verwirrung ausverhandelte Zusammenlebensvereinbarung wurde auf drei kommunale DIN-A4-Blätter gebannt. Ich starrte verständnislos auf die Hand, die sie im Beisein von Annas Vater und der Schlichterin der Familienberatungsstelle niederschrieb. Meine Finger verrieten mich, unterschrieben alles, worum sie gebeten wurden, taten so, als gehörten sie zu einer modernen Frau.

Die Vereinbarung beschrieb im Detail, wie wir uns in den vor uns liegenden Jahren an Weihnachten, Ostern, in den Sommerferien (und bei deren Planung), an Geburtstagen, offiziellen Feiertagen und anderen schulfreien Tagen zu verhalten hatten. Ich fand einen gewissen Trost darin, dass die eng beschriebenen Seiten die Existenz eines Kindes auf diese Weise als gegeben hinnahmen. Als wären unsere Unterschriften unter all den Punkten gleichbedeutend mit einer Rettungsleine, die wir in Richtung Zukunft auswarfen. Du kannst von einer Vereinbarung, die sich um dich dreht, nicht wegsterben. Die Blätter enthielten auch umständliche Antworten darauf, wie wir uns am Anfang beziehungsweise in der *Übergangsphase*, wie die Schlichterin sie nannte, verhalten sollten. Anna sollte bei mir bleiben, und dieser erste Punkt auf dem Plan würde sich über zwei Wochen erstrecken. Anschließend sollte sie sich langsam daran gewöhnen, hin- und herzuziehen: Einen Tag bei ihm, dreizehn Tage bei mir. Zwei Tage bei ihm, zwölf Tage bei mir. Drei Tage bei ihm, elf Tage bei mir. Vier Tage bei ihm, zehn Tage bei mir. Fünf Tage bei ihm, neun Tage bei mir. Sechs Tage bei ihm, acht Tage bei mir. Dann wäre der Kampf vorüber und das Ergebnis ausgeglichen. Ein allmähliches und (gemäß den Forschungsergebnissen, die die gewissenhafte Schlichterin im Ordner vor sich aufbewahrte und aus denen sie ständig zitierte) demokratisches und humanes Hinarbeiten auf das, was Annas Kindheit 2.0 werden sollte.

Sie gratulierte uns zu der gleichwertigen und klugen Übereinkunft. Jetzt sei es wichtig, einen kühlen Kopf und ein warmes Herz zu bewahren, sagte sie. Zum Abschluss bat sie um Erlaubnis, uns ein paar wenige Worte laut vorlesen zu dürfen, es sei ein Text, den die Therapeuten gemeinsam auf einem Seminar verfasst hatten, er paraphrasiere einen bekannten Bibelvers, wusste sie zu berichten: *Nun aber bleiben Vater, Mutter, Kind, diese drei; aber das Kind ist das Größte unter ihnen.*

Der reiche Fundus an Meinungen, Vergleichen und Kommentaren unserer Umgebung zeigt eine gewisse Konstanz. Mein Gott, Karen, sagte meine Mutter. Ihr habt doch erst vor vier Jahren geheiratet. Du hast doch vor dem Standesbeamten gestanden und alles Mögliche gelobt. Ihr habt Anna bekommen, ein Haus gekauft, ihr wolltet alles sofort, ihr wart glücklich. Und dann plötzlich das. Was ist eigentlich passiert? Ich weiß es nicht, sagte ich. Du *weißt* es nicht, sagte meine Mutter. Diese Antwort habe ich schon einmal gehört, von einem anderen Menschen, vor etwa fünfundzwanzig Jahren. Und ich sage dir heute, was ich damals auch zu ihm gesagt habe: Wenn du nicht *weißt*, was das Problem ist, ist es vielleicht besser, ruhig im Boot sitzen zu bleiben, bis das Problem identifiziert ist, davon aus zu gehen, dass sich anschließend eine Lösung finden lässt – zusammen? Mama, sagte ich. Denk an Anna, sagte sie.

Auf dem Rückweg durch die eierschalenfarbenen Korridore spürte ich plötzlich die schreiende Sehnsucht nach einem Wunder, dass mich mein Körper zur Umkehr zwänge und mein Mund riefe, lass uns alles vergessen, können wir nicht einfach zusammen nach Hause fahren und die grausamen Papiere zerreißen, dass er Ja sagte und wir es einfach täten. Draußen ging ich geradewegs zu dem silbergrauen Auto und stellte mich auf die Beifahrerseite, vermutlich aus alter Gewohnheit. Er fragte, ob ich mit nach Hause fahren wolle. Bist du jetzt zufrieden, fragte ich. Er schüttelte den Kopf, aber nicht als Antwort auf meine Frage, es war das gleiche Kopfschütteln, das er seit zwei Monaten zeigte, seit ich gesagt hatte, dass es so nicht weitergehe, dass ich ausziehen müsse. Da du damals nicht einmal wolltest, dass sie geboren wird, sagte ich und war kurz davor, dem Autoreifen einen saftigen Tritt zu verpassen, aber dann verließ mich der Mut, und die heftige Bewegung schrumpfte zu einem mikroskopischen Zucken im Bein und einem ziemlich kindischen Aufstampfen auf den Asphalt. Karen, sagte er. Das hast du gesagt, als wir vom Ultraschall nach Hause kamen, fuhr ich fort. Dass es vielleicht besser wäre, wenn sie nicht zur Welt käme, falls etwas mit ihr nicht stimmt. Jetzt hör auf, sagte er. Sie gehört zu mir, sagte ich. Und zu mir, sagte er. Dem hast du da drinnen gerade zugestimmt. Nein!, sagte ich ziemlich laut. Er weiß, dass ich Kämpfe nicht mag. Er weiß, dass ich meinen eigenen vorbeispazierenden Meinungen nicht traue. Er weiß, dass ich mich am wohlsten fühle, wenn alle sich einig sind. Er weiß, dass es mir gefällt, wenn Männer mir die Tür aufhalten, er weiß, dass ich abends stricke, dass ich das meiste von dem, was in einem Haus erledigt werden muss, ohne zu klagen erledige, er weiß, dass ich zu denen gehöre, die ein vollkommenes und erfülltes Gefühl von Sinnhaftigkeit im Dasein erlebten, als der Kindermund zum ersten Mal nach meiner Brust suchte. Er weiß auch Folgendes: Nichts an mir ist modern.

In einem Buch stand, dass die verfrühte Trennung von der Mutter die Lebenstüchtigkeit dreier Hundewelpenwürfe beeinflusst hat. In einem anderen standen Interviews mit Großeltern, die es herrlich fanden, über »die verbotene Trauer« sprechen zu können. In einem dritten Werk fand ich Hilfe in praktisch-psychologischer Hinsicht, wie die Autorin die Denkweise nannte. Es ging darum, das Leben unter den herrschenden Verhältnissen bestmöglich zu gestalten, für die Kinder wie für die Erwachsenen. Gehen Sie zum Beispiel davon aus, dass Sie diejenige sind, die ausziehen musste, weshalb Sie auch ein neues Kinderzimmer einrichten müssen. Wichtig ist dann, ein Zimmer zu wählen, an dem man nicht ständig vorbeikommt. Stellen Sie sich vor, wie Sie sich in Ihrem neuen Zuhause verhalten, stand da. Wie sehen Ihre Bewegungsmuster aus, ging es im Text weiter. Wo halten Sie sich zu welcher Tageszeit auf? Schreiben Sie alles auf, verschaffen Sie sich einen Überblick. Entscheiden Sie sich für das Zimmer, dem Sie am seltensten nahekommen. Das ist wichtig. Ein leeres Kinderzimmer ist im Prinzip dasselbe wie ein Mausoleum. Und wer möchte schon den ganzen Tag in ein Mausoleum starren? (Hier standen drei Pünktchen.) Ganz richtig, folgerte die Autorin. Das wünscht sich niemand.

Meine Mutter rief wieder an, sie forderte eine Entscheidung. Weihnachten, ja oder nein? Weihnachten kommt bestimmt, sagte ich. Das sagst du so einfach, sagte sie. Was passiert mit Anna, wollte sie wissen, wird sie bei dir sein oder bei ihrem Vater? Und an welchem Tag tauscht ihr, sie wird ja wohl nicht Weihnachten *und* ihren Geburtstag bei nur einem von euch feiern? Ich weiß es nicht mehr genau, versuchte ich mich. So etwas habe ich ja noch nie gehört, sagte sie. So etwas musst du doch *wissen*, ihr habt doch eine Vereinbarung unterschrieben, in der steht, wo Anna wann ist, auch an Weihnachten? Ja, sagte ich. Auf das kurze Wort aus meinem Mund folgte ein unnormal langes Schweigen ihrerseits. Sie ist also nicht bei dir, sagte sie. Nein, sagte ich. Aber *jetzt* gerade ist sie bei dir?, fragte meine Mutter. Als würde ich etwas Illegales tun. Ja, sagte ich, *jetzt gerade* ist sie bei mir, das kann man so sagen. Meine Mutter gab nicht auf. Wenn festgelegt war, dass Anna jedes zweite Jahr bei einem von uns feierte, könnte sie doch bei mir den Anfang machen? Nein, sagte ich. Eine Vereinbarung ist eine Vereinbarung. Ich rechnete damit, dass sie sagen würde, eine Ehe sei auch eine Vereinbarung. Ein Versprechen, das ich schon gebrochen hatte. Aber du bist doch ihre *Mutter*, sagte sie und sprach das Wort auf eine Weise aus, wie ich es mir nie zugestehen würde. Nur konservative und geschlechterdiskriminierende Frauen redeten so. Als wäre das Muttersein an sich ein triftiges Argument in der Diskussion. Etwas, das sie aus sich heraushämmerten, wenn sie mehr Gewicht auf der Waage brauchten, Worte, von denen sie annahmen, dass sie jeden Widersacher verstummen ließen. Was soll ich mit dem Weihnachtsmannkostüm machen, fragte meine Mutter. Du kannst es doch bis nächstes Jahr Weihnachten liegen lassen, schlug ich vor. Nächstes Jahr Weihnachten, sagte sie. Was weiß ich, wie dein Leben nächstes Jahr Weihnachten aussieht? In ihren kleinen Stichen lagen jahrelang angestaute Erwartungen begraben, die kleine Familie mit Enkelkind, vielleicht auch mit mehreren Enkelkindern, die um den Weihnachtsbaum tanzte, war brutal aufgelöst worden, ausgelöscht. Man sitzt Weihnachten nicht allein herum, wenn man nicht muss. Das macht man einfach nicht. Weder du noch ich. Letztes Jahr habe ich mit deiner kleinen Schwester und ihrer Familie gefeiert, dieses Jahr hatte ich geplant, es mir mit dir, Anna und ihrem Vater schön zu machen. Wenn du beschließt, dich zu isolieren, hat die Entscheidung auch Auswirkungen auf mich. An Feiertagen ist es wichtig, mit Menschen zusammen zu sein, fuhr sie fort. Ja, sagte ich. Und dann sagte sie, sie habe nachgedacht, für den Fall, dass sich Weihnachten dieses Jahr zu einem Worst-Case-Szenario entwickele, wonach es gerade aussah, sollten wir beide uns zusammentun. Ich denke darüber nach, sagte ich. Sie weiß, dass ich genauso wenig mit Ungewissheiten leben kann wie sie. Nach zehn Minuten rief ich zurück. Okay, abgemacht, sagte ich. Weihnachten bei dir. Sehr schön!, sagte sie. Versuch, Anna mitzubringen. Das geht leider nicht, sagte ich. Aber sie kommt ja am zweiten Weihnachtstag zu mir, dann siehst du sie an ihrem Geburtstag. Tja, sagte meine Mutter, machen wir das Beste draus. Da standen wir. Standen einander an einem offenen Loch im Boden gegenüber, jede mit ihrer Verzweiflung, während die zerstörte Familie hinabgesenkt wurde. Es war mehr als fünfzehn

Jahre her, dass meine Mutter und ich zuletzt zusammen Weihnachten gefeiert hatten.

Ich war immer ein Sommermensch gewesen. Jetzt zog ich die Vorhänge zu und schaltete das Kinderprogramm ein, während die Nachbarskinder auf den Spielgeräten im Hinterhof schrien und jauchzten. Jeden Morgen zu einem wolkenfreien Himmel zu erwachen, mit ihr, dem schönen Wetter und den steigenden Temperaturen, die darauf bestanden, dass wir ins Freie gingen, allein zu sein, war unerträglich. Sobald die Sonne scheint, reden die Leute übers Wetter. Bei schönem Wetter fragen die anderen, was man gemacht hat. Freundinnen fragen danach. Mütter fragen danach. *Der andere* käme vielleicht auf die Idee, danach zu fragen. Was habt ihr heute gemacht, wart ihr vielleicht am Strand? Wenn er sich erdreisten sollte, das zu fragen, würde ich zurückfragen, was er Anna zu essen vorgesetzt hat, als sie zuletzt bei ihm war und drei Tage danach noch Bauchweh hatte, ob er vielleicht vergessen hat, dass sie manche Gemüsesorten nicht verträgt, auch Eier nicht. Ob er daran denkt, sie morgens *und* abends wegen ihrer Ekzeme einzucremen. Ob er auf parfümierte Weichspüler verzichten könne. Ob er freundlicherweise damit aufhören könne, sich in mein Leben einzumischen, es habe schließlich nichts mehr mit ihm zu tun.

Ich weiß, ich weiß, ich weiß. Es ist kein Wettkampf. Aber ich will ihn gewinnen.

Der Unterschied zwischen anderen Müttern und mir war, dass die Unternehmungslust anderer Mütter noch intakt war, dachte ich, sie saßen nicht mit ihren Kindern drinnen und warteten darauf, dass es Vormittag und Nachmittag wurde, dass das Kinderprogramm und später das Abendessen dran war und schließlich die Schlafenszeit. Aber ich dachte auch: Solange Anna klein ist, sind wir vom Wetter unabhängig, sind von der Einmischung anderer Kinder unabhängig. Solange Anna klein ist, können wir uns immer wieder dieselben Filme anschauen. Ihr Lieblingsfilm handelt von einem kleinen Bienenjungen, der sich in ein Menschenmädchen verliebt und dann sein ganzes Volk rettet. Zuerst ist die Welt ganz grau, weil die Bienen zu verschwinden drohen, dann nimmt unser Freund die Sache in die Hand, und schließlich kehren die Farben zurück. Jedes Mal, wenn wir uns dem Ende näherten, weinte ich, jedes Mal fragte sie, warum. Der Film ist so schön, dass man ganz traurig wird, erklärte ich mit dem Mund auf ihrem warmen Kopf, ihr Geruch, konnte sie nicht einfach die ganze Zeit bei mir sein, konnte sie mir nicht Licht und Lust und Farbe geben, konnte das nicht einfach jemand einrichten, konnte die Welt nicht so freundlich sein.

Meine Tochter ist kein Farbkasten, mein Leben ist kein Blatt Papier.

Trotzdem. Wenn sie bei ihrem Vater ist, suche ich nach Krebsgeschwüren in meiner Brust, nach Fehlern im Herzrhythmus, nach Sehstörungen, die Symptom einer Hirnerkrankung sein könnten. Ich muss Panikattacken und destruktive Gedankengänge mit unangenehmen Filmen bekämpfen. Bibliotheksangestellte dürfen nicht mehr als zwei Filme gleichzeitig ausleihen, ich widersetze mich der Vorschrift und nehme am Wochenende zehn oder zwölf Stück mit. Suche mir die schlimmsten aus, das Ziel ist, den Schmerzpunkt zu verschieben, meinen eigenen zu verscheuchen. Verschiedene Darstellungen des Holocaust gehören zu den Favoriten. Die Unmenschlichkeit, das Ausmaß, der Erfindungsreichtum.

Der Film mit dem riesigen Kupferzylinder, der irgendwo auf einem Acker steht oder vielleicht auch am Ende eines lang gestreckten Gartens. Das Gras auf beiden Seiten ist hoch gewachsen, saftig, wiegt sich im Wind, die Konstruktion liegt quer auf einer Art Krippe. An den Zylinderwänden befinden sich Dinge, die aussehen wie Trichter oder der Teil einer Trompete, der nach außen zeigt, kleine und große Öffnungen, Ohren oder schreiende Münder zur Welt, aber wo sollte der Ton herkommen? Alles ist still. Über dem Ganzen hängt grau der Himmel. Links vom Zylinder steht eine Gruppe Soldaten, sie bewachen fünfzehn, zwanzig Dunkelhäutige, die eng beisammen stehen, junge Frauen, ältere Frauen, junge Männer, ältere Männer, Kinder. Das jüngste Kind hat sich eine der Frauen auf den Rücken gebunden, es schläft. Einer der Soldaten geht zum Ende des Zylinders und öffnet eine ovalförmige Tür. Dann werden die Dunkelhäutigen vorwärtsgestoßen, stolpern widerstrebend zum Eingang, sie sind mit einem Seil um die Taille aneinandergebunden, eine Menschengirlande. Das Kind wacht auf und weint. Ein kläglicher Laut, ein fünf, sechs Wochen alter Laut, tastend, hat noch nicht seinen selbstverständlichen Platz in der Welt gefunden, ein solches Weinen jagt niemandem Angst ein, ist kaum zu hören. Ein junger Mann, der Vater des Kindes?, leistet Widerstand, er bekommt mit einem Knüppel einen Schlag auf den Kopf und wird, als er an der Reihe ist, in den Zylinder gehievt, mit schlaffem Körper, resigniert oder verwundet, egal, denn jetzt wird die Tür geschlossen, mit einem Rad, wie man es von Tresorräumen in Banken oder Geldschränken kennt, zugekurbelt, es soll kein Zweifel daran bestehen, dass der

Ausgang fest verschlossen ist. Nun wird Feuerholz herbeigeschafft, unter den Zylinder gelegt, angezündet. Die Flammen streichen, lecken, greifen an. Die Soldaten ziehen sich zurück, stellen sich mit dem Rücken dazu hin, die Arme an der Seite oder auf dem Rücken, jetzt heißt es nur noch warten. Bald beginnt die Konstruktion von einer Seite zur anderen zu wippen, dann beginnt sie sich zu drehen, die erste Runde, die zweite, schnell, schneller, der Himmel ist noch immer grau, jetzt kommt Rauch aus den Trompeten oder Mündern oder wie man die Vorrichtung nennen will, für das hier gibt es kein Wort, und ein Ton, fast wie ein Schrei, vielleicht haben die Erwachsenen ihre Kinder in den Arm genommen, vielleicht rennen sie, als könnte man vor etwas davonlaufen oder irgendwohin.

In manchen Momenten fühlt es sich an, als würden alles instinktive Wissen und alle erworbene Erfahrung als Mutter aus mir herauslaufen. Als ich zum ersten Mal allein mit ihr einen Ausflug machte, saß ich da und klammerte mich ans Lenkrad, allein der Anblick ihres Gesichtchens im Rückspiegel, das Stupsnäschen und die runden Bäckchen, ein frisches weiches Milchbrötchen, gab mir das Gefühl, nicht geeignet zu sein. Was für eine Mutter war ich wohl für sie? Wie unbeschützt war sie in meinen Händen? Womit hatte sie das hier verdient? Konnte nicht jemand kommen und sie mir wegnehmen, dann bräuchte ich mir keine Fragen mehr zu stellen. Da saß sie, gleich hinter meinem Rücken, angeschnallt in dem vierzig Grad heißen Auto, sie ließ die nackten Füßchen baumeln, und ich fragte mich, wie lange es dauern würde, bis sie anfinge zu rufen und zu schreien, an welcher Ampelkreuzung sie verlangen würde, dass der Ausflug endete. Merkwürdigerweise zeigte sie keinerlei Anzeichen von Unzufriedenheit. Baden-baden-baden, sang sie, und ich sagte, ja, gleich wirst du baden, gleich werden Mama und Anna baden, das wird toll. Mit jedem Meter fühlte es sich mehr danach an, als brächte ich sie weiter weg von allem, was sie kannte und wusste und dem sie vertraute, ich musste in eine Bushaltestellenbucht fahren, musste zu ihr sagen, dass sie sitzen bleiben soll, dass Mama frische Luft braucht und alles in Ordnung ist, ich musste über die Getreideähren am Straßengraben streichen und mich vergewissern, dass es die Welt und ihre physischen Bestandteile gab, ein normaler harmloser Sommertag, nichts, wovor man Angst haben müsste, jetzt musste ich mich verdammt noch mal zusammenreißen und mein Kind zum Strand befördern, meinen Aufgaben mit Leichtigkeit nachkommen, wie früher, wieso konnte ich nicht einfach so sein wie früher, ich war doch ihre Mutter, auch wenn ich nicht mit ihrem Vater zusammen war, sie hatte neun Monate in mir gehaust, sie kannte mich länger als ihn, wovor hatte ich Angst? Mama?, rief sie, klopfte von innen ans Autofenster, ich zuckte zusammen, als hätte ich geschlafen, wie lange hatte sie in dieser Hitze dagesessen, wie viele Minuten, wann wäre sie ohnmächtig geworden, wie stumpf kann man nur sein, ich stürzte zum Auto und riss die Tür auf ihrer Seite auf, sie schwitzte schon, mir ist warm, sagte sie, kann ich ein Eis haben?

Kein Mensch soll seinen Vergehen entkommen.

Immer öfter, wenn ich eigentlich schlafen sollte, baut sich vor meinem Bett die Zeit auf und besteht darauf, mir Rechenaufgaben aufzugeben. Brüche oder Prozentrechnungen. Früher belastete mich das nicht, ich las zweiundzwanzig Jahre lang von der Innenseite der Augenhaut ab, fünfundzwanzig Jahre, achtundzwanzig. Jetzt ätzt die Zahl sich ein, dreiunddreißig, blitzweißer Text auf blutigem Hellrot, hängt dort und hindert mich daran, in den Schlaf zu sinken, ich brauche den gesamten Kontext. Was gibt es zu verstehen? Was sehe ich nicht? Die Zeit verstreicht. Ich denke viel an die vor uns beiden liegende Hälfte. Jetzt ist Anna drei. Sagen wir, sie zieht mit neunzehn aus. Dann bleiben ihr noch sechzehn Jahre zu Hause, acht davon bei mir. In zwei Jahren kommt sie in die Schule. Dann haben sich die Patschhändchen gestreckt, sind die Finger schmaler geworden, die Grübchen auf dem Handrücken am Verschwinden. Noch anderthalb Jahre mit ihren Patschhändchen. Und wie viele Sommerferien noch, in denen sie nach viel zu langem Aufenthalt in Salz- oder Chlorwasser auf meinen Schoß krabbelt, meine Hände sie reiben und rütteln und streicheln, um sie unter dem Badehandtuch wieder warm zu kriegen, fünf vielleicht. Kindergarten und Hort schließen im Sommer für fünf Wochen, und es ist abgesprochen, dass wir uns abwechseln, um die Ferien »abzudecken«. Zitat Familienberatungsstelle. Das bedeutet fünf Mal fünf Ferienwochen, geteilt durch zwei gleich zwölfeinhalb Wochen. Noch zwölfeinhalb Wochen mit einem triefnassen Kind auf dem Schoß. Wenn das Wetter es zulässt.

Die Fähigkeit, die ich hatte, den Alltag aufzuwerten, aufzuwerten, aufzuwerten. Die Lust, die ich empfand, aus allem das meiste herauszuholen: Stauwasser unten im Garten, die Überzeugung, unter dem Linoleum einen alten Holzboden zu finden, mein Gesicht, meine Haare, das Rezept für ein Mittagessen, selbst gebastelte Weihnachtskarten, frische Luft am Nachmittag und an den Wochenenden. Lange Ausflüge. Rückentrage, Decke, heiße Schokolade. Stillen im Wald, stillen auf einer Klippe. Daran erinnere ich mich. Es war einfach in mir drin. Früher, wenn Sommer war, wachte ich morgens auf und frohlockte bei gutem Wetter, denn gutes Wetter hieß, wir konnten zum Strand radeln, ich konnte die Trinkflaschen mit Sirup, die Lunchboxen mit Keksen, unsere Taschen mit Badesachen, Spielen, Büchern und Handtüchern füllen. Das hier. Diese Einstellung, diese *Freude* über Augenblicke, die uns zugeworfen wurden. Das muss von mir gekommen sein. Oder steckte es in ihm? Wurde ich unbewusst von ihm getrieben, war er die eigentliche Quelle, die mich zum Backen, Spachteln, Pflanzen, Putzen, Planen, Durchführen anregte? Und wenn ja: Trägt er diese Kräfte noch immer in sich, oder sind sie auch ihm abhandengekommen? An manchen Tagen kann ich dem Impuls nicht widerstehen, sie zu fragen. Zum Beispiel: *Was isst du, wenn du bei Papa bist?* Sie antwortet erst, wenn ich die gleiche Frage auf drei verschiedene Arten gestellt habe, dann sagt sie Reis oder weiß nicht. Vielleicht kocht auch er nichts Leckeres mehr. Bei mir bekommt sie Mahlzeiten ohne Namen, ohne Geschmack, ohne Konsistenz, hin und wieder auch mit zu viel Geschmack, wenn ich nachlässig mit den

Gewürzen war, in Gedanken versunken beim Drüberstreuen und Hineinschütten, und beim Essen steckt sie die ganze Hand in den Mund und sagt au-au, pult alles wieder heraus und kratzt sich verzweifelt im Mund, bis mir einfällt, dass ich ihr Joghurt geben könnte, wenn wir welchen haben, oder Milch.

Eine klare Grenze, wie weit zurück das Erinnerungsvermögen reicht, gibt es nicht. Kindern unter drei Jahren fehlt es zum Beispiel an grundlegenden Fertigkeiten, um Erlebnisse über eine längere Zeit zu speichern. Paradoxerweise können Zweijährige sich jedoch an einzelne Erlebnisse erinnern, wenn man ihnen die richtigen Assoziationen liefert oder wenn ein Erwachsener sie unterstützt. Das große Rätsel ist, warum sich die Erlebnisse selten ins Erwachsenenalter hinüberretten. Die Fähigkeit, Erinnerungen ohne Unterstützung der Eltern oder anderer abzurufen, entwickelt sich zudem relativ spät. Erst ab etwa sieben Jahren verfügt man über normale Gedächtnisfunktionen, was damit zusammenhängen kann, dass die Sprache und das Begriffssystem komplett ausgebildet sein müssen, um Erinnerungen wiederzugeben. Dennoch lässt sich beobachten, dass Kinder unter drei Jahren ein ziemlich gut funktionierendes Langzeitgedächtnis haben. Es benötigt lediglich etwas Unterstützung. Je mehr die Eltern das Kind dazu anhalten, ein Erlebnis strukturiert zu erzählen, umso weiter reicht das Erinnerungsvermögen des Kindes zurück. Das mag die Reihenfolge betreffen, in der das Erlebte erzählt werden soll, oder eventuelle Kausalzusammenhänge zwischen Teilen des Erlebten. Die Gedächtnisfähigkeit ist demnach abhängig von der Sprache: Wir erinnern uns besser, wenn wir in regelmäßigen Abständen ermuntert werden, eine Erinnerung hervorzukramen und über sie zu sprechen. Indem wir Erlebnisse in Sprache packen, wird die Erinnerung verstärkt. Ebenso wird das, worüber nicht gesprochen wird, nach und nach in den Tiefen der Ereignisse und Erlebnisse versinken, es wird auf schlammigen Boden treffen, es wird sich auflösen und verschwinden.

Schwestern, südnorwegische Sommer, Scheidungstraumata, Schwarze Wegschnecken. Nach entsprechender Niederschlagsmenge wimmelte es im Gras vor der Hütte von dunklen schleimigen Würsten. Sobald der Regen aufhörte, nickte meine Mutter mit ihrem verweinten Gesicht zur Tür. Mädels, es ist Sommer, schniefte sie. Das war das Signal. Dann schlüpften meine kleine Schwester und ich in unsere Operationskittel und stapften mit schweren Stiefeln die Steintreppe hinunter. Hinter der Hütte gab es keine Zeugen, dort konnte man pinkeln, ohne dass die Nachbarn es sahen, dort konnte man in Ruhe heulen, dort konnte man Rachehandlungen begehen, dort konnte man herausfinden, was eine durchschnittliche Schwarze Wegschnecke aushielt. Ziemlich viel, stellten wir fest. Als wären sie zu diesem Zweck gebaut worden: um zu sehen, wozu wir imstande waren, um den Barbaren in uns eine wirkliche Herausforderung zu bieten. Steckte man ein Stöckchen in das Loch im vorderen Teil, krümmte sich der glatte Körper sofort drum herum wie eine Kugel. Wollte man das Experiment weitertreiben, am Ball bleiben, musste man die Kugel mehrmals in die Erde bohren. Irgendwann gab etwas in dem feuchten schwarzen Loch nach, dann kam die Creme. Gelblich, glänzend, dickflüssig, ein leichter Druck auf den Rücken, schon kam noch mehr. Und noch mehr. Und noch mehr. Einfach nur, indem man auf verschiedene Stellen drückte. Eine Tube, die nie leer wurde. Meine kleine Schwester will bei der Geschichte nicht dabei gewesen sein, sie besteht darauf, dass sie am Strand gebadet hat. Du warst wohl das brutalste Kind auf der ganzen Welt, sagt sie. Ich kläre sie darüber auf, dass sie sich nicht einfach aus einer Erinnerung zurückziehen kann. Du als spezialisierte Psychologin, sage ich, die du mit dem Gedächtnis arbeitest, gerade du solltest es besser wissen.

Meine Mutter ertappte mich auf frischer Tat, als ich einer Schnake das Bein verbrannte. Mit dem Zeigefinger der einen Hand drückte ich das dünne Hinterbeinchen auf die Treppenstufe. Es hatte winzige behaarte Kniegelenke, wie ich bei genauerem Hinsehen erkennen konnte. Mit der anderen Hand fing ich in der Glasscherbe einer zerbrochenen Limonadenflasche die Sonnenstrahlen ein, schickte sie gebündelt auf das Bein, wichtig war, dass man lange draufhielt. Gut zielte, die Position der Scherbe nicht veränderte, sich konzentrierte, sah, wie der Lichtpunkt zu sich verzehrendem Rauch wurde, spürte, wie das nicht unbeeinflusste Insekt zuckte, wenn das Beinchen Feuer fing, und jetzt kam der kritische Punkt, ich durfte das Bein, das wegwollte, nicht loslassen, durfte aber auch nicht zu fest drücken, denn die Anatomie einer Schnake ist sehr fragil, ein leichter Ruck, und Teile lösen sich. So gesehen war die Verstümmelung Mamas Schuld, sie hatte mich mit ihrer Fähigkeit erschreckt, plötzlich, ohne dass man es hörte, irgendeine Tür zu öffnen, auch die schwere Tür hinter der Hütte. Karen! Was *machst* du denn da? Was meinst du denn, wie das arme Tier sich *fühlt?* Hast du denn keine *Empathie?* Was sollte man auf so etwas antworten? Ich antwortete wie üblich, ich schüttelte den Kopf.

Ein anderes Mal sagte sie: Mir hast du zu verdanken, dass du so tierlieb geworden bist.

Falls Anna so wird wie ich, mit der Betonung auf *falls*, wenn es ihr also so ergehen sollte wie mir, dass sie als Vierjährige, Fünfjährige, Zwölfjährige mit einer für sie unerklärlichen Wut unter der Haut durch die Gegend läuft, und ich wiederhole, es gibt hier ein großes *Falls*, stelle ich die Frage trotzdem in aller Aufrichtigkeit: Kann ich dann sagen, dass sie von Anfang an ein wütendes Kind *war*, oder muss ich der Tatsache ins Auge sehen, dass ich sie zu einem wütenden Kind *gemacht habe?*

Auf Omas Beerdigung Anfang Juni mitten im kräftezehrenden Schlichtungs*prozess* tat ich so, als wären wir noch ein Paar. Entfernte Verwandte, die ich seit Jahren nicht gesehen hatte, kondolierten und gratulierten zugleich, herzlichen Glückwunsch zur Hochzeit und zum Kind und unser tiefstes Mitgefühl: Sie war eine tolle Frau. Ich nickte und bedankte mich, schüttelte Hände, ließ mich umarmen und trockene Küsse über mich ergehen. Oma war tot. An diesem Tag sollte es nicht um die Scheidung ihres Enkelkinds gehen. Anna saß auf meinem Schoß, *Mama weint, Mama weint,* flüsterte sie, und ihr Vater strich ihr über die Wange und hielt uns beide im Arm. Seine linke Seite an meiner rechten. Nachdem ich vorgetreten war und eins ihrer Lieblingsgedichte vorgelesen hatte, strich er mir über den Nacken. Als der Pfarrer über Omas Verhältnis zu ihren Enkelkindern sprach, drückte er mich an sich. Als der Organist die ersten Töne des Ausgangslieds anstimmte, legte er die Hand auf meinen Oberschenkel. Warum nicht einfach weitermachen?, dachte ich. Warum nicht einfach zusammen nach Hause fahren, um Erlösung von dem Krieg ersuchen, der uns bevorstand. Meine Mutter hatte vermutlich recht. Nichts würde den Richter mehr freuen, als wenn Menschen wieder zueinanderfanden. *Bleib bei mir, Herr,* sangen die alten brüchigen Stimmen in den Sitzreihen hinter uns. Ich hob Anna auf seinen Schoß, küsste ihn kurz auf die Wange, stand mit den anderen trauernden Trägern auf und hob den Sarg in das wartende Auto. Dann fiel der Vorhang.

Nachts denke ich ständig: *Ich habe sie im Stich gelassen, sie geht kaputt.*

Am Tag denke ich manchmal: *Sie ist erst drei. Sie ist immer noch davon überzeugt, dass man, wenn man aus dem Strohhalm eines anderen Menschen trinkt, zu diesem Menschen wird. Sie glaubt an Fabelwesen und dass unter Wasser ganze Städte und Welten existieren. Sie freut sich auf Weihnachten, weil der Weihnachtsmann über Zauberkräfte verfügt, nicht nur, dass er an ein und demselben Abend Kinder auf der ganzen Welt besuchen kann, er bringt auch das Kunststück fertig, sich ganz kleinzumachen, durch den Schornstein zu klettern und Süßigkeiten in ihren Weihnachtsstrumpf zu stecken, während sie schläft. Sie streckt immer noch im Dunkeln die Arme nach mir aus. Sie glaubt, dass Menschen ihr Gutes wollen. Kann sein, dass sie es schafft.*

Zellteilung, Sorgerechtsaufteilung.

Nach ihrer Geburt blieben wir drei Wochen lang im Krankenhaus. Wegen der Zyste an ihrem Magen, die Ärzte mussten untersuchen, ob sie wunschgemäß schrumpfte, wenn nicht, wären sie gezwungen zu operieren. Sie schrumpfte. Dann begann sie zu wachsen. Sie wuchs und wuchs. Anschließend schrumpfte sie wieder. Kaum war das Zystenproblem erledigt, da hieß es, die nächste Bedrohung bitte. War ihre Haut nicht arg gelb. Doch. Definitiv. Gelb, gelber, am gelbsten. Eine überwältigende Anzahl von Weißkitteln kam ins Zimmer, um Messungen durchzuführen, aus ihrer Ferse winzige Bluttropfen zu entnehmen, in die schlafenden Äuglein zu leuchten. Sie wirke schlapp, fanden sie. Die Werte müssten sinken, sagten sie, bevor wir nach Hause gehen könnten. Ich müsste sie zu festen Zeiten stillen, sagten sie, dafür sorgen, dass sie genug Milch bekäme. Wenn ich sie nicht zu festen Zeiten stillte, bekam sie dann nicht genug Milch? Sie verließen das Zimmer und kamen wieder. Ich müsste bei jedem Stillen einen gewissen prozentualen Anteil durch Milchpulver ersetzen, sagten sie, da die hartnäckige Gelbfarbe Stoffen in meiner Milch geschuldet sein könnte. Etwas in mir war inkompatibel mit etwas in ihr. Es ist meine Schuld, dachte ich, meine Milch, mein Körper, der nicht begreift, wie man Mutter ist, so grundlegende Dinge, ich mache sie kaputt.

Glitt immer wieder hinein in denselben Traum, denselben Albtraum: dass sie gelber wurde, dunkelgelber, bis sie braun war, dunkelbraun, und anfing zu schrumpfen, bis sie wie eine Rosine aussah oder wie der Nabelstumpf, den man irgendwann loskratzen konnte und der dann zu Boden fiel, der Geruch, der sich im Zimmer ausbreitete, tote Haut, faulendes Gewebe. Ich träumte, ihr Bauch, ihre Wangen würden sich aufblähen, Anna bliese sich auf, bald würde sie zur Decke aufsteigen, bald würde sie explodieren. RUMMS! Dann wachte ich auf, es dauerte, bis ich wusste, wo ich mich befand, bis meine Augen meine Umgebung lesen konnten: die weiße Bettwäsche, die Stahlkonstruktion unter mir, die Matratze, das Laken – schweißnass –, der Lichtstreifen unter der Tür, und neben mir: die Schnur, an der ich ziehen sollte, wenn ich Hilfe brauchte.

(Babygeschrei aus anderen Zimmern, eine Tür, die sich öffnet, eine Stimme, die flüstert.)

Ja?

Ich kann nicht auf sie aufpassen.

Was haben Sie gesagt?

Ich kann nicht auf sie aufpassen. Auf mein Töchterchen.

Aber sie liegt doch da.

Wo?

In ihrem Bettchen. Dort, neben Ihnen. Sie wurde gestern operiert, wissen Sie. Alles ist gut.

Oh Gott, ich habe sie vergessen.

Sie sind eingeschlafen.

Aber das ist doch nicht normal. Dass man wach wird und sein Kind vergessen hat.

Das ist ganz normal, Sie sind nicht daran gewöhnt, ein Kind zu haben.

Wann gewöhnt man sich daran?

Schlafen Sie jetzt.

Mythen über die Mutter-Kind-Beziehung:

Breast is best
Keine Mutter will ihrem Kind schaden
Keine Mutter will ihr Kind verlassen
Mutterliebe ist bedingungslos

Donald Woods Winnicott, der Psychoanalytiker, der behauptet hat, alle Mütter hassten ihre Kinder, fürchtete sich davor, missverstanden zu werden. Ich sage nicht, dass sie sie nicht lieben, präzisierte er. Ich sage nur, dass sie sie auch hassen. In Wahrheit, fügte er hinzu, wird das Kind von seiner Mutter gehasst, lange bevor es dies selbst merken kann. Ich würde sogar so weit gehen zu behaupten, dass es keine Kinder gibt, Kinder sind lediglich ein Teil der Mutter, eine Verlängerung. Wenn Sie mir bei diesem Gedanken folgen: dass das Kind eigentlich keine eigene Persönlichkeit hat, keine unabhängige Existenz – was kann man dann noch hassen außer sich selbst?

Wenn Anna ein unsicheres Kind wird, ein unsicherer Teenager, eine unsichere Erwachsene, muss ich versuchen, sie nicht zu verachten. Ich muss versuchen, etwas anderes in ihr zu sehen als das, was meiner Ansicht nach mir selbst ähnelt. Dort drinnen gibt es so viel mehr, muss ich mir sagen. Die Tiefen, die Gewölbe in ihr. Völlig andere Tiefen, völlig andere Gewölbe als in mir. Ich darf nicht vergessen, dass es sie gibt. Ich muss ihr zeigen, dass ich weiß, dass sie anders ist, dass sie *mehr* ist. Ich muss daran glauben. Ich darf keine Angst haben.

Im August sollte Omas Haus ausgeräumt und zum Verkauf vorbereitet werden. Meine Mutter hatte sich um die Möbel und den übrigen Hausrat gekümmert. Jetzt standen die Zimmer leer, meine Aufgabe war es, Bücher und Kleider durchzusehen. Meine kleine Schwester bat darum, von allen Aufgaben entbunden zu werden, sie vertraue mir, sagte sie, ich würde faire Entscheidungen treffen. Ich kannte Omas Kleiderschrank und Bücherregale, es würde viel Zeit kosten, sie hatte sich enorme Mengen zugelegt und in ihrem neunundachtzig Jahre langen Leben fast nichts weggeworfen. Ich nahm Anna und eine aufblasbare Matratze mit, legte sie in das, was einmal Omas Schlafzimmer gewesen war, ein etwas dunkleres Feld auf dem Boden zeugte von Omas ehemaligem Doppelbett, und sang Anna vor, bis sie einschlief, anschließend machte ich mich an die Arbeit. Omas Geruch hing in den Wänden, den Dielen, den Decken, ich hatte das deutliche Gefühl, dass sie jederzeit ins Wohnzimmer kommen und sich in ihren Sessel setzen könnte. So sehr war ihr Wesen mit diesen Zimmern verknüpft, dass ich meinte, sie in der Küche singen zu hören. Und das Radio, das jetzt verstaut in einer Kiste in irgendeinem Lager dieser Stadt lag und das unten im Bücherregal gestanden und zu ihren Füßen ständig vor sich hingemurmelt hatte, war immer noch zu hören. Ich ging in den Keller, öffnete die Schranktüren in ihrem sogenannten Ankleidezimmer und schloss die Augen, fing die Erinnerungen auf, die mir zugeworfen wurden. Versteckspiel und Karneval, Weihnachtsessen und Übernachtungsbesuche. Sternkarten und Liedtexte. Reime und Bewegungslieder und anderes nützliches Allgemeinwissen.

In der Nacht, nachdem ich Nachschlagewerke, Astronomie-Atlanten, Romane, Kleider, Schals und andere lose Gegenstände mit einem gewissen Affektionswert in acht Kisten für meine kleine Schwester und sieben für mich verteilt hatte, saß ich halb wach, halb schlafend in der leeren Stube. In einem der Träume, in die ich immer wieder hineinglitt, rannte ich auf einem führerlosen Schiff herum, das vom Kurs abgekommen war. In den Kabinen lagen mehrere Hundert schlafende Kinder, nicht ahnend, in welcher Gefahr sie sich befanden.

In einem anderen Traum trieben meine Mutter und ich in einem Schlauchboot, es war dunkel, wir waren von schwarzem Wasser umgeben, wir sichteten Omas Sachen, Gewürze und Unterwäsche, Schminke und Schmuck, Küchengeräte und Bücher. Wir hielten abwechselnd einen beliebigen Gegenstand hoch, und ich wartete ab, was meine Mutter dazu meinte. Ein Nicken hieß interessant, ein Ausruf, dass sie ihn haben wollte, Kopf in den Nacken hieß nein. Was meine Mutter nicht haben wollte, bekam ich. Warum wir dieser Aufgabe in einem kleinen Boot auf dem großen Meer nachgingen, war mir ein Rätsel. Es wirkte nicht sehr durchdacht, eher ziemlich idiotisch. Die Bücher litten unter der Feuchtigkeit, die Kleider waren durchnässt, weil wir mehrmals unvorsichtig waren und sie fallen ließen, die kleinste Welle spülte den Schmuck über den Bootsrand und ließ ihn im schwarzen Wasser sinken, und meine Mutter weinte die ganze Zeit. Ich hatte das Gefühl, ihre Tränen hätten etwas mit mir zu tun, mit etwas, das ich gemacht hatte. Sie sah mich an, ihre Augen füllten sich und liefen über. Räum auf, räum auf, räum auf, mein Boot. Pack die Arbeit an. Schaukle sanft im Abendrot. Jeder wie er kann. Ich hielt eine kleine Dose mit gelbem Pulver hoch, es hatte sich oben zusammengeklumpt. Safran, war sie daran interessiert? Sie nickte, wischte sich mit dem Ärmel von Omas alter Strickjacke die Tränen ab. Doch, ja, schon. Etwas Safran würde sie wohl nehmen.

Wir hatten uns immer dort versammelt, in dieser Stube. In diesen Zimmern feierten wir Weihnachten, trafen uns jedes Jahr am 27. Dezember, vierundzwanzig Menschen an der Zahl, liefen mit klackernden Schuhen über diesen Boden, rutschten auf Socken die Treppe hinunter zur Stube im Keller – Zehen, Ferse – Baumwolle auf glattem Holz – Zehen, Ferse, Seide und Wolle und sorgfältig geflochtene Pippizöpfe glitten von Stufe zu Stufe, bis es unter den Füßen schmerzte. Oma und Opa saßen am Tischende dicht beisammen, der Tisch zog sich quer durch die ganze Stube, sie mussten problemlos hin und her laufen können, vor allem Oma, MIK!, rief sie, das hieß »mehr in der Küche«, oder AAT!, am Ende der Mahlzeit, aber eigentlich stimmte es nicht, das hieß »alles auf dem Tisch«, aber wir wussten, dass sie noch Reserven hatte, bei Oma gab es immer Reserven, die Kinder saßen am anderen Tischende, dann wurden die Schüsseln herumgereicht. Rosenkohl, Kartoffeln, Rentierbraten, der Topf mit Preiselbeerkonfitüre, Wildbeeren aus den Bergen. Weihnachten war Omas Fest, sie thronte und strahlte. Dann starb Opa, dann wurde sie achtzig, saß da ohne Mann, ohne Fett am Körper, ohne zusammenhängende Gedanken im Kopf, brutal zurückgeschickt in die Welt der Kindheit, an unser Tischende sozusagen, wo man gesagt bekam, wann man essen durfte und wann nicht, wann man reden durfte und wann nicht, wann man weinen durfte und wann nicht.

Als Anna drei Wochen alt war, statteten wir Oma einen Besuch ab. Wir mussten uns beeilen. *Plötzlich könnte es zu spät sein*, drohte es über mir, Oma wurde immer schwächer, büßte von Mal zu Mal mehr von ihrer Persönlichkeit ein, es sei eine Frage der Zeit, hieß es. Ich musste ihr unbedingt mein Töchterchen zeigen. Ich musste ihr zeigen, dass ich Mutter geworden war. Ich musste ihr zeigen, wie sehr Anna und sie einander ähnelten, ihr Blick, ihre warmherzige Ausstrahlung. Ich legte ihr Anna auf den Schoß. Ich glaube, sie hat gelächelt. Anna schrie. Entweder wurden ihr Omas Gesicht und Hände zu viel oder die Gerüche oder die weißen Wände oder die anderen eingefallenen Gesichter und schnarrenden Stimmen, oder sie hatte Luft im Bauch oder leichtes Fieber oder zu wenig Schlaf oder zu viel Essen oder zu wenig Essen oder etwas anderes, auf das ich nicht kam, sie wollte nicht aufhören, ich versuchte, sie zu stillen, wollte, dass sie ihr Bäuerchen macht, ich gab ihr den Schnuller, wiegte sie und sang ihr etwas vor, aber sie weinte nur, und ich war schon am Zusammenpacken und Aufbrechen, als Oma plötzlich den Mund aufmachte. Das Mädchen hat Ähnlichkeit mit jemandem, sagte sie und schloss den Mund. So saß sie lange da. Ja, wem ähnelte mein Töchterchen? Fast hätte ich angefangen zu heulen, jetzt sieht sie es, dachte ich, ich saß ganz vorne auf der Stuhlkante und wartete darauf, dass es ihr einfiel, dass ihr die Erkenntnis kam, die Antwort, die sie mir geben wollte. Dann machte sie die Augen wieder auf. Ich habe solchen Durst, sagte sie.

Im Ofen, der eine Temperatur von 1100 Grad hatte, verschwand sie, weg von ihrem Enkelkind, das sie so fürsorglich und gründlich angeleitet hatte. Gereimte Märchen, Tischsitten, Weihnachtslieder, Anleitungen zum Kopfsprung, Tipps zum Ausnehmen von Fisch und Schalentieren, Abzählreime, mit deren Hilfe ich mir merken konnte, wer in welchem Monat Geburtstag hatte und wie alt er wurde, Marmeladenrezepte für verschiedene Obst- und Beerensorten, die Namen von Fischen und kleinen Tierchen im Watt, Ratschläge, wie man eine Ehe mehr als sechzig Jahre lang am Leben hielt. Ich erinnere mich an fast alles.

So gesehen konnte man sagen, dass ihr die Enttäuschung und das Missfallen erspart geblieben sind. Die *Erkenntnisphase* und die *Entschlussphase*. Die *Neugestaltung*, die *alternative Lebensform*, die *optimalen Entfaltungsmöglichkeiten*, der *konstruktive Entwicklungsprozess*.

Vergiss nicht, dass du im Moment sehr verletzlich bist, sagte meine kleine Schwester. Ich hatte ihr die Kisten übergeben und mich vergewissert, dass sie mit dem Ergebnis zufrieden war, jetzt tranken wir in einem Straßencafé ein Bier, eine intensive Nachmittagssonne hing über den Tischen. Sie müsse etwas Wichtiges mit mir besprechen, sagte sie. Ich hoffe, sagte sie, dass du bei alldem auch auf dich aufpasst. Inwiefern?, fragte ich. Du trinkst ziemlich schnell, sagte sie lächelnd und deutete mit dem Kinn auf mein Glas. Verglichen mit dir vielleicht, sagte ich. Was wollte sie damit sagen, wollte sie mir unterstellen, dass ich mich wie eine Alkoholikerin verhielt? Sollte ich langsamer trinken? Aus kleineren Gläsern? Nicht so früh am Tag, nicht mit so viel Genuss? Mein Gott, Karen, sagte sie. Ich sage doch nur, dass du darüber nachdenken sollst. Genug Schlaf, ausgewogene Ernährung ... gesunde Getränke. Viele, die trauern, betreiben Selbstmedikation. Das ist ganz normal. Ich meine nur, wenn du zum Beispiel nicht schlafen kannst, ohne vorher ein Glas Wein oder zwei oder, du verstehst schon, zu trinken, kann es sein, dass du *Probleme* bekommst. Probleme, sagte ich. Wo hast du das denn her? Was weißt du über meine Trauer und meine Trinkgewohnheiten vor dem Schlafengehen? Wer es wirklich darauf anlegt, kann sich auch mit Wasser oder Kamillentee ersäufen, wenn er genug davon trinkt, sagte ich. Sie nickte langsam und hielt meinen Blick auf eine Weise fest, die ihren Patienten sicherlich sehr vertraut war. Ich merkte, wie ich errötete. Meine kleine Schwester saß da und gab mir das Gefühl, ertappt worden zu sein, ich wusste nur nicht, wobei. Ob du es glaubst oder nicht, ich mache mir Sorgen um dich,

Karen, fuhr sie fort. Und euer Bruch ist noch ganz *frisch*. Ich weiß, dass es sich anfühlen kann, als wärst du schon ganz weit gekommen, aber vermutlich wird es Jahre dauern, bis du *damit durch bist*. Bei einer Scheidung gibt es *keine schnellen Lösungen*, sagte sie. Danke für den Hinweis, sagte ich. Hast du noch mehr lebensbejahende Tipps? Sie seufzte. Karen, Schwesterchen, sagte sie. Ich akzeptiere deine Aggression und verzeihe dir deine Spitzen, weil ich weiß, dass du in einem sehr schwierigen *Prozess steckst*. Vergiss nicht, dass du *verletzlich bist*, sagte sie. Alle ihre Sätze mündeten im Kursiven, die letzten Worte ihrer Sätze waren von größter Bedeutung, Perspektiven, die ich *ernst nehmen sollte*.

Mitte September wurde ich zur Bibliotheksleiterin gebeten, die mich wissen ließ, sie sei besorgt: Wie ich höre, lässt du dich scheiden. Die Wortwahl ließ mich schmunzeln, scheiden, scheide, schied, geschieden, ich versicherte ihr, dass meine Scheidung keine aktive und aggressive Handlung sei, kein Wäschestück, an dem wir zogen und zerrten, sondern etwas, das wir zusammen beschlossen hätten, und dass ich meine Arbeit in nächster Zeit genauso gut erledigen würde wie zuvor. Karen, sagte sie. Ich wurde schon zweimal geschieden. Beim ersten Mal brauchte ich bloß meine Sachen zu nehmen, den Schlüssel vom Schlüsselbund zu lösen, das Geld auf dem Bankkonto aufzuteilen und zu gehen. Das zweite Mal, als ich zwei Kinder mit dem Mann hatte, von dem ich mich scheiden ließ, fühlte es sich an, als gäbe es den sogenannten Bruch nur in der Theorie, in der Realität kamen wir nämlich nicht voneinander los. Und du weißt ja, was die Leute sagen? Mütter, die gehen, müssen der Furcht einflößendsten aller Furcht einflößenden Wahrheiten ins Auge sehen: *Du bist an der einzigen Aufgabe gescheitert, die wirklich zählt.*

2

In der ersten Dezemberwoche beginnen sie im Kindergarten mit den Weihnachtsvorbereitungen. Nach ein paar Tagen mit Plätzchenbacken und Fensterdekorieren steht nun das Basteln von Geschenken an. Die Kinder erhalten roten Filz, Watte, Styroporkugeln und Draht. Schere, Klebestifte und Geschenkpapier müssen sie sich teilen. Die größeren Kinder versuchen sich an einer ziemlich komplizierten Wichtelschablone, die kleineren an einer leichteren. Kopf, Mantel, Bart. Nur drei der Kinder (es handelt sich nämlich um einen kleinen Kindergarten mit überwiegend zusammenlebenden Eltern) müssen zwei Wichtel basteln, sie haben zwei Bastelsets erhalten. Aber bekommen sie auch mehr Zeit? Das eine Kind, ein Mädchen, stürzt sich auf die Requisiten, ihm ist klar geworden, dass seine Zeit begrenzt ist. Die Fingerchen arbeiten entschieden, konzentriert, zunehmend ungeduldig und zu schnell, der Wattebart will an den Styroporköpfen nicht haften, die Filzärmel der Wichtel reißen auf, es muss noch einmal von vorn anfangen, bald wird es dem Mädchen zu warm, sodass es den Pullover ausziehen muss, es sitzt im T-Shirt da und arbeitet mit nackten Ärmchen, eifrig, die Zunge im Mundwinkel. Nach einer halben Stunde sind die anderen Kinder fertig, auch die beiden, die genau wie das Mädchen zwei Wichtel im Doppelpack basteln sollten, sie haben sich die Zeit besser eingeteilt und einfachere Ausgaben gebastelt, sie machen schon seit Jahren von allem zwei, sind darin geübter. Das Mädchen betrachtet die Erwachsenen, und die Erwachsenen betrachten das Mädchen. Bisher hat es erst einen Wichtel fertig. Was nun? Die Zeit ist um. Für den Rest des Tages ist vorgesehen, dass die Kinder im

Schnee spielen. Ist das einer der wenigen Fälle, in denen man eingreifen und helfen soll? Wir sprechen von einem Kindergarten, bei dem sich die Erwachsenen nur selten in das Spiel der Kinder einmischen, in den Broschüren, den Richtlinien steht zu lesen, die Kinder würden ermuntert, ihre Erfahrungen selbst zu machen. Dreiundzwanzig kleine Menschen stehen vom Tisch auf und räumen das Material an seinen Platz. Was jetzt? Drei der Erwachsenen gehen zur Garderobe, um dort mit anzupacken, falls jemand beim Ankleiden Hilfe braucht, einer von ihnen bleibt im Zimmer zurück. Jetzt greift das Mädchen nach der Schere, es setzt den blanken Stahl an dem roten Mantel des Wichtels an, schneidet versuchsweise nach oben. Es geht, bald ist der Schlitz an der Spitztüte angekommen, nun dreht das Mädchen den Wichtel um und schneidet entsprechend die Rückseite auf, den Rücken, jetzt fehlt nur noch die Styroporkugel, der Kopf, es legt die Figur auf den Tisch und sticht mit dem scharfen Teil der Klinge in den Hinterkopf, durch den Filz, durch die Watte, durch das Styropor, es schlägt den Wichtelkopf gegen den Tisch, sodass die Schere tiefer eindringt, schließlich drückt es mit aller Kraft zu, bis das Material nachgibt und das Mädchen zwei gleiche Teile hat. Styroporkrümel auf dem Tisch, die bürstet es weg. Anschließend packt es die halben Wichtel ein, zuerst in Luftpolsterfolie, dann in Seidenpapier, dann in Weihnachtspapier, es darf zwischen Rot und Silber wählen und entscheidet sich zweimal für Rot.

So zünden wir ein Lichtlein an, zu unser aller Freude.

3

Wir sitzen jetzt nicht hier. Das bin nicht ich, das ist nicht Anna, das ist nicht mein Auto. Es liegt kein Schnee in der Luft, wir sind nicht früh aufgestanden, sie hat beim Frühstück nicht geschwiegen. Ich habe nicht die Temperatur in den Zimmern gesenkt, das Licht gelöscht und den Autoschlüssel genommen, habe nicht die Tüten, Taschen und Säcke nach draußen getragen, habe nicht die Tür hinter uns abgeschlossen, das Eis von der Windschutzscheibe gekratzt und den Motor angelassen, nicht ich sitze jetzt hier, fahre rückwärts auf die Straße mit dem Arm auf dem Beifahrersitz, lächele ihr dabei zu, weil ich gelesen habe, dass es wichtig ist, den eigenen Schmerz bei der Übergabe nicht zu zeigen, nicht ich liefere sie ab und fahre weiter. Heute ist nicht der 23. Dezember. Das ist nicht wahr. Ich fahre nicht zu meiner Mutter, allein, auf diese Weise.

Doch. Es ist wahr. Das erste Weihnachtsfest gehört ihm.

Als wir die Vereinbarung unterschrieben haben, war die Sonnenwende noch nicht erfolgt, der Winter noch ganz weit weg. *Stille Nacht, heilige Nacht, Alles schläft, einsam wacht,* singt das Autoradio. Wir fahren vorbei am Laden, an der Krankenstation, der Grundschule, dem Fußballplatz. Unberührte weiße Flächen, Familien, die sich noch nicht aufgelöst haben, schlafen jetzt. Ich begegne ihrem Blick im Spiegel, sie lächelt, bewegt vorsichtig die Lippen. Sie kennt das Lied. Soll ich etwas lauter machen?, frage ich. Sie nickt, wartet offenbar darauf, dass ich anfange zu singen. *Holder Knabe im lockigen Haar, Schlaf in himmlischer Ru-huh, Schlaf in himmlischer Ruh.*

Alle zwei Wochen ist ihr Zimmer ein Loch in der Wohnung, ich gehe hin und her mit Klamotten in den Händen, habe zu viel Zeit, um sie zusammenzulegen, Größe 104, aber die Spielsachen auf dem Boden müssen liegen bleiben, das ist ein Befehl, als würde sie sich nur eine kleine Pause gönnen oder könnte jederzeit vom Klo aus rufen, dass sie fertig ist, als würde das Wasser bald durch die Rohre in der Wand rieseln, während sie zwischen meinem rechten Bein und dem Türpfosten hindurch will, mich mit ihren speckigen Schultern und Fäusten anrempelt, sodass meine Stapel aus dem Gleichgewicht geraten und zwei ihrer Pullover und eine Strumpfhose zu Boden fallen, weg da, Mama, denn auf dem Boden in ihrem Zimmer fand gerade ein Teekränzchen statt, zwei Teddybären, diverse Legofiguren, ein Piratenkapitän, sie könnten tagelang ihren Tee und ihre Kekse genießen, wenn ich nicht wäre, ich habe ihnen den Spaß verdorben und mir geschworen, es nie wieder zu tun, darum bewege ich mich in diesem Stillleben aus Kissen und Memorykarten, Theaterschminke und Diademen, einem Fußball und drei Superheldenmasken, ein paar Hundert Legoklötzchen, undefinierbaren Plastikteilen und einer goldenen Geburtstagskrone mit einer Präzision, die man am ehesten mit der eines Seiltänzers vergleichen kann, auch ein Installationskünstler hätte es nicht besser machen können, wir sind uns sicher einig, dass das Werk einen Titel braucht, *Zeitkapsel* ist zu schlicht, nein, der Titel muss unbedingt eins berücksichtigen: Wenn sie endlich nach Hause kommt (man möge mir dieses Wort gestatten), wissen Teile von mir fast schon nicht mehr, wie die Rolle als ihre Mutter zu spielen ist.

Sanfter Blick, freundliche Präsenz, beruhigende Hände, geduldig zuhörend, überwiegend vorhersagbares Verhalten. Nicht zu vergessen die gedämpfte Stimme. **IMMERZU** DIE GEDÄMPFTE STIMME.

Hin und wieder so: eine gewisse körperliche Stärke spüren, wenn das Motorengeräusch seines Autos verklingt, eine Art Selbstvertrauen, wenn ich ihr beim Ausziehen von Schuhen und Jacke helfe, umarmt werde und ihrem schmächtigen Rücken hinterherschaue, wenn sie durch den Gang läuft und in ihr Zimmer geht, sie spricht mit ihren Spielsachen, hallo, hallo, hallo, da bist du ja, da liegt es ja; manchmal wirkt sie wie ein aufgekratzter sorgloser Welpe, der seine Umgebung erkundet, sie braucht nur ein paar Minuten, dann wird sie ruhiger. Andere Male so: Feuer im Bauch, null Kontrolle im Kopf, will ihm zurufen, dass er nicht gehen soll, mache es natürlich nicht, lehne mich schwer an die Wand, während seine Schritte verschwinden, während die Tür geschlossen wird, dann sind wir allein, sie und ich, wer bist du, und wer bin ich, deine Mutter, mein Töchterchen, beide mit feuchten Augen, wenn ich die Hand nach ihr ausstrecke, entwindet sie sich, am Ende muss ich sie überallhin tragen, und wenn ich im großen Wohnzimmerspiegel ihrem und meinem mutlosen Blick begegne, ihre schlaffen Arme und Beine sehe, durchfährt mich der Gedanke, dass ich wie ein Mensch aussehe, der aus einem Spieleland oder Kindergarten aufs Geratewohl ein Kind mitgenommen hat, was ich tue, ist verboten, sie gehört mir nicht.

Bei mehreren Anlässen zeigte sich, dass entführte Kinder ihrem Entführer gegenüber mit der Zeit eine große Loyalität entwickeln und vielleicht sogar eine Form von Liebe. Ich habe geträumt, dass alles auf einem Missverständnis beruht, dass ich mit einer Blinddarmentzündung ins Krankenhaus komme und mit einem Kind wieder heraus. Weil mich eine Krankenschwester mit der echten Mutter verwechselt, weil ich nach meiner Entlassung in die Kantine gehe, um Limonade zu kaufen, und in dem Moment diese weiß gekleidete Person auf mich zukommt und sagt, *da sind Sie ja*, es klingt so selbstverständlich, wenn sie so mit mir spricht, und ein schlafender Säugling in einer Babyschale, *warum nicht*, denke ich und bedanke mich höflich für ihre Hilfe, vielen Dank, sage ich, wir gehen dann wohl mal, suchen das Auto und sehen zu, dass wir nach Hause kommen, wir zwei.

Wir fahren an der Kirche vorbei, am Park, dem zugewachsenen Teich, den Holzbänken. Hierher ging ich gern mit ihr, als ich im Mutterschutzurlaub war, manchmal kam er mich besuchen, sobald die Temperatur über fünf Grad kroch, aß er seine mitgebrachten Brote im Freien. Ich weiß noch, wie er auf mich zukam. Wie er mich küsste, sich dann über den Wagen beugte, über unser Töchterchen. Ich erinnere mich an uns auf der Bank, wir unterhielten uns über Dinge, die uns beschäftigten, oder kommentierten einen Passanten oder ein vorbeifahrendes Auto, manchmal lachten wir, ich glaube sagen zu können, es ging uns gut. Stehen diese Erinnerungen für gute Momente? Lag über den Gesprächen, die wir dort auf diesen Bänken hatten, also *auch dort*, wie überall sonst, bei Freunden, auf dem Sofa, im Bett, gesehen durch den Filter des Bruchs im Grunde etwas Verstelltes und Angespanntes, gab es nicht in allem einen Missklang, hatte ich nicht das zunehmende Gefühl, dass ich mich einrichtete, verbog, anpasste, oder passte er sich an, ließ sich verbiegen, bis der Frust in uns beiden hochkochte, bis die Türen knallten und die Schubladen zuschlugen, wo nahmen wir das her, warum hörten wir nicht damit auf, und wenn eine Beziehung verglichen werden kann mit einem Gerüst, mit etwas, woran man über längere Zeit baut: Warum waren die Wände nicht so, dass wir uns daran anlehnen konnten, warum gingen die Fenster auf und schlugen hin und her, warum gingen die Türen nicht zu, warum wurden wir nicht festgehalten, waren wir in der Planungsphase nicht genau genug vorgegangen?, hatten wir uns nicht ausreichend auf die Konstruktion konzentriert?, hatten wir wirklich nicht gemerkt, dass das, was wir für ein solides Haus gehalten hatten, nur eine leere Schuhschachtel war mit ausgeschnittenen Löchern, die als Türen und Fenster dienten, und Pappwänden, die nicht der geringsten Alltagsbelastung standhielten, sondern zusammenfielen und auseinanderbrachen?

Freust du dich auf Papa?, frage ich. Sie antwortet nicht. Summt weiter, obwohl *Stille Nacht* längst verklungen ist und der Nachrichtensprecher übernommen hat. Anna?, frage ich etwas lauter. Sie dreht sich zu mir. Ja? Sie ist rot im Gesicht, als wäre ihr heiß, ich bereue es, dass ich ihr die Jacke angezogen habe, bevor wir eingestiegen sind. Aber jetzt ist es auch egal, sie steigt sowieso gleich aus. Freust du dich auf Weihnachten?, frage ich. Ja!, schreit sie. Papa hat ein großes Geschenk für mich! Ich kralle mich ans Lenkrad. Wie schön, Anna, das ist ja toll, sage ich. Kleine Kinder mit ihrem Namen anzusprechen, ist wichtig. Identitätsstiftend. Man soll sie möglichst oft mit ihrem Namen ansprechen, öfter, als man es von sich aus tun würde. Ich habe ein Dutzend Bücher über Kindererziehung, Psychologie, Kinderbetreuung und kognitive Entwicklung gelesen; einzelne Ausdrücke und Tipps bleiben hängen, sitzen wie blinkende Lämpchen im Gedächtnis. Es heißt beispielsweise nicht Trotzalter, sondern Selbstständigkeitsentwicklung. Wut soll man mit Ruhe und Fürsorge begegnen. Wichtig sind große Ohren und ein kleiner Mund. Aber auch klare feste Regeln (es heißt übrigens nicht Regeln, sondern Richtlinien), das stärkt die soziale Kompetenz des Kindes. So wie ich will, dass sie lernt, sich bei Tisch zu bedanken, zu fragen, wenn sie etwas haben will, und sich zu entschuldigen, wenn es erforderlich ist, versuche ich zu lernen, dass ich ihren Namen als Liebeserklärung einsetze. Ich habe auch gelesen, dass man niemals in die Falle tappen sollte, den Namen des Kindes beim Tadeln zu benutzen, also wenn man wütend ist. ANNA! NEIN! Mit voller Lautstärke und entschiedener Betonung auf jeder Silbe. Wie viele Male muss man die Fälle, in denen der Name als Schimpfwort missbraucht wurde, mit seidenweicher Stimme kompensieren? Eines Tages werde ich ihr beibringen, was ein Palindrom ist und dass Anna vom hebräischen Hannah abstammt, was Huld oder Gnade bedeutet. Aber miss dem um Himmels willen nicht zu viel Bedeutung bei, werde ich ebenfalls sagen.

Letztes Jahr feierten wir Weihnachten bei seinen Eltern. Wir waren ein Paar, das das Auto mit Geschenken vollud, mit einer Zweijährigen und warmen Körpern, in Wolle, Polyester, Daunen oder Viskose gehüllt, ich weiß noch, dass ich ihm die Hand in den Nacken legte, als wir auf die Straße bogen, und dachte, wie gut ich es doch hatte, dass ich das tun konnte, ihn berühren, während er fuhr, mich abends an ihn schmiegen, morgens mein Gesicht neben seinem im Spiegel sehen, das dachte ich, als ich mit den Fingern wieder und wieder über die dunklen Haare in seinem Nacken strich, die beiden Wirbel, die sich begegnen, ich kann nicht verstehen, dass meine Finger, mein Körper, mein Herz, hinter diesen Bewegungen standen, wie ich ihn in einem Monat lieben und im nächsten Monat alles verlieren konnte, ich verstehe es nicht, wie ist es möglich, dass ich das Gefühl seiner Haut unter meinen Fingern nicht mehr in mir abrufen kann.

Wir haben unsere Kinder sowieso nur geliehen, sagte einer meiner Kollegen. Vermutlich wollte er mich trösten, aber ich hätte am liebsten gebrüllt, dass er keine Ahnung hat, wie es sich anfühlt, wenn man etwas ausleiht, am liebsten hätte ich ihm ins Gesicht gebrüllt, ES STEHT DIR NICHT ZU, ÜBER DAS *AUSLEIHEN* VON KINDERN ZU SPRECHEN, WENN DU MIT DEINEN EIGENEN DIE GANZE ZEIT ZUSAMMEN BIST!

Die Sprache verändert sich. Das Vokabular erweitert sich oder wird eingeschränkt, je nachdem, wie man es sieht. Der Abstand am Esstisch nimmt zu, bald ist er für beide Seiten unüberwindbar. *Schulobstverordnung*, sagen meine Kollegen. *Arbeitseinsatz in der Kita*, *Überstunden*, *deplatziertes Fluchen im Kinderprogramm* und *Termindruck*. *Geburtstagsstress*, ein *gesundes Lunchpaket*, das unbedingt am Vorabend geschmiert werden muss, weil es zeitsparender ist, mit Ausnahme der Kirschtomaten, die darf man erst kurz vorher dazupacken, damit sie schön *knackig* sind. So reden sie. *Knackig*.

Bindung, sage ich. *Wiedersehensfreude* oder *abwesender Blick,* wenn ich sie im Kindergarten abhole. *Trennungsangst,* wenn sie zu ihrem Vater soll oder vielleicht auch zu mir, keine Ahnung, *Zusammenarbeit,* sage ich auch und *gemeinsame Spielregeln, Kontinuität, altersangepasste Kontaktfläche,* und ich nehme mir vor, diese Begriffe nachzuschlagen, wenn das alles vorbei ist, wenn es überhaupt jemals vorbeigeht, um zu sehen, was sie eigentlich bedeuten.

Die Therapeutensprache, die unnatürliche Sprache hat meine Mundhöhle besetzt. Selbstverständliche Formulierungen werden verdrängt, die natürliche Rede- und Verhaltensweise fühlt sich künstlich an, angelernt. Zum Beispiel: Ich stehe im Laden in der Schlange, Anna steht neben mir, sie drückt sich an mein Bein und zieht mich am Arm, sie hat Hunger, ich habe Bananen gekauft. Sie hat alle fünf angebrochen, als ich kurz weggeschaut habe. Der Mann an der Kasse mustert stirnrunzelnd das misshandelte Bananenbündel, dann mich, ich spüre das starke Bedürfnis, eine Erklärung abgeben zu müssen. *Die sind für meine Tochter,* sage ich und nicke zu dem kleinen Menschen, den er nicht sehen kann, und mein Herz schlägt wie wild, als würde ich ein Verbrechen begehen. Sie *mein* zu nennen, es laut in den Raum zu sagen.

Wir sollten uns jetzt sputen, die Haare müssen ab, singe ich. Der Spielplatz bei der Kirche ist von einer dünnen Schneeschicht bedeckt, von dem kleinen Ententeich im Park steigt Dampf auf. Der Kofferraum ist voller Taschen und Tüten und Geschenke. Wir werden beide erwartet, aber wir haben nicht denselben Weg. Wir sind keine Familie, die sich versammelt, wir verteilen uns. Körperteile auf einem fast hundert Quadratkilometer großen Gelände. *Schnippschnapp, schnippschnapp, schnippschnapp!,* singe ich weiter, und Annas Gesicht explodiert vor Freude, es ist fast unerträglich, wie wenig nötig ist, sich selbst im Nacken zu packen und an den Haaren herauszuziehen, den Rücken durchzustrecken und so fort, wenn sie sich eine fröhliche, singende Mutter wünscht, dann sollte ich verdammt noch mal eine fröhliche, singende Mutter sein, das denken, tun und durchziehen; sich dafür entscheiden, das eigene Kind nicht jeder Schmerznuance auszusetzen.

Erkennst du es wieder?, frage ich. Sie antwortet nicht. Anna?, sage ich, und unsere Blicke begegnen sich im Spiegel. In sechs Tagen wird sie vier, aber sie weiß nicht, was es heißt, etwas wiederzuerkennen, wenn sie etwas wiedererkennt, dann ist es ein Gefühl in ihrem Körper, nichts, was sie mit Worten benennen und als Antwort auf eine Frage vorbringen könnte. Ich bin diejenige, die etwas wiedererkennt. Ich bin diejenige, die den Sog der entsprechenden Adresse ein paar hundert Meter von hier entfernt spürt, jede Kreuzung, die quasi den eingesetzten Verlängerungsstücken eines Trichters entspricht, hier kommen wir aus dem breiten Teil und werden hineingeführt in das schmale, ich könnte den Weg mit verbundenen Augen zurücklegen. Als Kind konnte ich, wenn wir im Dunkeln nach Hause fuhren, den Bewegungen des Autos entnehmen, dass wir uns unserem Haus näherten: wenn mein Vater hier abbremste, dort um die Kurve bog, dann herunterschaltete, der Übergang von glattem Asphalt zu Schotterweg, dort die kleine Senke, und wie er schließlich vor die Garage fuhr, das Knirschen der Steinchen unter den Autoreifen, das sanfte Bremsen und der doch unvermeidbare Ruck, wenn das Auto zum Stehen kam, bevor ich die Augen aufschlug und ins Haus getragen wurde. Wenn Anna einschläft, während ihr Vater oder ich mit ihr durch die Gegend fahren, wird dies hier der Weg sein, den sie in ihrem Körper spürt. Der andere Weg, der neue, der in die entgegengesetzte Richtung der Stadt verläuft und zu mir führt, hat sich in ihrem Körper noch nicht festgesetzt, ist noch nicht Zuhause.

Katzenmütter lieben ihre Jungen im Schnitt acht Wochen lang. Liebeshandlungen basieren auf Instinkten, Stammeszugehörigkeit und Rassenstolz, es wird gestillt, geleckt, gewärmt. In den ersten beiden Wochen liegen drei, vier kleine Knäuel, vielleicht auch fünf, wenn so viele überleben, dicht an dicht an dem gebogenen Körper der Katzenmutter. Sie liegt auf der Seite, nimmt die kleinen Mäulchen entgegen, die sich suchend heranwagen, andocken und von ihr trinken. Wie sich das anfühlt, kann kein Mensch mit Sicherheit sagen, aber im Großen und Ganzen haben alle fellbestückten Geschöpfe dabei die Augen geschlossen. Die Jungen, weil sie sie bisher kaum geöffnet haben, die Katzenmutter voller Ruhe und vielleicht auch aus Zufriedenheit. Genuss? Gegen Ende der vierten Lebenswoche packt sie die Jungen mit ihrem Mäulchen am Nacken und hebt sie hoch, trägt sie zu einer anderen Stelle im Zimmer, falls sie sich in einem Zimmer befinden. Eins nach dem anderen. Du hierhin, du dahin, du dorthin. Kommt das Junge zu schnell zurück, wiederholt sie das Manöver entschieden. Ziel ist es, die kleinen Geschöpfe an ein Leben ohne sie zu gewöhnen. Nur nachts dürfen sie dort liegen, wo sie am allerliebsten sind, an dem Warmen Weichen Dunklen Wogenden Atmenden. In der sechsten oder siebten Woche ist ihr mangelndes Interesse deutlich erkennbar. Wenn sich die Jungen nähern, leckt sie sie eher widerstrebend am Kopf oder dreht sich weg und geht davon. Auftrag erledigt.

Er ist geduldiger als ich, wenn sie weint; ich wachte nachts schneller auf, nahm sie hoch. 1:1. Er ist stärker als ich; meistens nahm ich sie hoch und trug sie herum. 2:2. Er kocht besser als ich; ich wusste, welches Besteck sie lieber mochte, aus welchem Becher sie nicht trinken wollte. 3:3. Er ist verlassen worden; ich verließ. 4:3.

Ich weiß, ich weiß, ich weiß. Es ist kein Wettkampf. Aber ich will ihn gewinnen.

Da!, ruft Anna vom Rücksitz. Da! Zwischen den Tannen tauchen die roten Wände und Spielgeräte auf. Der Kindergarten, der Punkt in der Mitte, der Ort der *Übergabe*, dort verlasse ich sie jeden zweiten Montagmorgen und kehre, als wäre nichts passiert, eine Woche später zurück. Als sie ein Jahr alt war, übten wir zusammen, *sie* sollte allein im Kindergarten bleiben, *ich* sollte zurück ins Arbeitsleben. Letzteres stellte sich als fast unmöglich heraus trotz der Worte, die meine Chefin über diese Phase von sich gegeben hatte. Junge Mütter sind die besten Mitarbeiter, fand sie. Gewissenhaft und mit großer Simultankapazität. Ich solle mir keine Gedanken machen, nach ein paar Tagen der Eingewöhnung würde ich wieder arbeiten wie zuvor, nur noch effektiver. Vermutlich hatte sie einen völlig anderen Frauentypus im Kopf, einen moderneren, schließlich befanden wir uns im Jahr 2014. Manchmal blieb ich mit einem Stapel Zeitschriften in der einen Hand und einem Buch in der anderen zwischen zwei Abteilungen stehen. Wohin oder zu wem wollte ich eigentlich und warum? Selbst die ältesten Bibliothekarinnen, schwerfällige Gestalten, die sich dem Rentenalter näherten, bewegten sich schneller zwischen den Regalen als ich.

In dulci jubilo, nun singet und seid froh. Ich blinzele zum Autodach, der Trick besteht darin, so zu tun, als wäre es ein ganz normaler Freitag. Der 23. Dezember, ach ja, was soll's. Gestern war Donnerstag, morgen ist Samstag und so weiter. Am Ende ist Weihnachten vorbei. Die Woche, meine ich. Aber ihre Nikolausmütze und ihre Wangen auf dem Rücksitz leuchten rot, diese Art der Trauer ist resistent gegen Tricks. Papa, sagt sie und beugt sich auf dem Sitz nach vorn. Ja, gleich, sage ich. Wir nähern uns. Wie oft habe ich sie durch diese Straßen geschoben, ich weiß, wie weit es in Turnschuhschritten von der Sporthalle bis zur Kreuzung ist, ich kenne die Bewegungsmuster der Frösche, wie langsam sie im Frühsommer vom Teich herunterkommen, ganz vorsichtig, und wie sie sich nach besten Kräften in den Gräben verstecken, wenn Menschen mit Fahrrädern oder Autos ankommen, ich weiß, dass die Frauen in dieser Gegend symmetrische Fensterdekorationen mögen, und mir ist bewusst, dass sie uns beobachten. Jetzt kommt sie angefahren, siehst du, da ist sie, die herzlose Mutter und dazu das arme Kind.

Wer ein Kind entführt, muss sehr schnell handeln, sehr schnell fahren. Mit einer Reisegeschwindigkeit von sechzig Kilometern pro Stunde kommen wir nicht weit. Doch wenn ich die Autobahn ansteuere und nach ein paar Stunden abfahre, landen wir früher oder später in den großen Wäldern, und dort ist es nahezu unmöglich, uns zu finden. Nehmen wir an, er würde sich wundern, wo wir bleiben, trotzdem würde er eine gute Stunde warten, bevor er anriefe, und dann würde der Anruf auf einem Handy eingehen, das nicht mehr funktionierte, weil es tief in einer Schneewehe ein Stück vom Zentrum entfernt steckte, und erst nach drei oder vier Stunden würde er uns vermisst melden. Doch dann wäre unser Vorsprung schon zu groß. Wir hätten das Auto längst abgestellt und wären weitergegangen, falls die Schneetiefe nicht zu abschreckend wäre. Irgendwo habe ich gelesen, dass es im Finnenwald mehr als zweihundert Hütten und Häuschen gibt, die nicht mehr in Benutzung sind. Ein solches Häuschen könnten wir uns suchen, einbrechen, die Zimmer mit Leben füllen. Und kein Mensch wüsste, wo wir sind, ich könnte Anna füttern und unterrichten, eines Tages würden wir einem anderen Waldmenschen begegnen, dann noch einem und noch einem, und mit der Zeit würden wir in ihre Gemeinschaft aufgenommen werden, Selbstversorger, selbstzufrieden, jeden Tag, ich könnte die ganze Zeit mit ihr zusammen sein, und unter solchen Umständen bräuchte ich mich nicht zu fragen, ob ich als Mutter gut genug bin.

Ich sollte im Krankenhaus arbeiten. Dann könnte ich um die ungeliebten Dienste bitten. Am Abend und in der Nacht vor Heiligabend, an Heiligabend, am ersten Weihnachtstag, am zweiten Weihnachtstag. Dann könnten wir zusammen dort sitzen, die Alten und ich, in sicherem Abstand zu allen Feiertagen, die wir einst gefeiert haben. Die Bibliothek hat zwischen den Jahren nur an drei Tagen geöffnet. Wer dann arbeiten möchte, trägt sich in eine Liste ein, die im Essraum aushängt. Die Teilzeitangestellten sind schnell dabei, nach zehn Minuten sind die erforderlichen Arbeitskräfte zusammen. Mensch, ist das herrlich, frei zu haben, sagte die Kollegin mit den dicken roten Lippen: Anne Marie oder Ann-Mari oder Marianne oder wie auch immer, ich hörte nur einzelne Wörter wie Berge, keine Fahrstraße, schlichte Feier und enge Verwandtschaft. Für uns, die wir mit vielen freien Tagen gesegnet waren, war es der vorletzte Arbeitstag, wir hatten uns gerade am Weihnachtsbüfett bedient. Was hast du für Pläne, Karen?, fuhr sie fort. Sie ist neu. Die anderen Kollegen wissen es besser, sie haben aufgehört zu fragen, wie ich die Feiertage und die Ferien verbringe, lange Zeit fing ich schon zu heulen an, wenn mir nur jemand ein schönes Wochenende wünschte. Ich bin bei meiner Mutter, antwortete ich. Das reichte, sie war zufrieden, mehr Infos brauchte sie nicht, um sich das Bild auszumalen. Wie gemütlich, sagte sie lächelnd. Roter Lippenstift auf dem Glas, der Gabel, den Schneidezähnen, der Serviette. Gemütlich trifft es, sagte ich. Dann klatschte die Bibliotheksleiterin in die Hände, und wir bereiteten uns auf das Quiz vor.

In einem hellgrünen Wartezimmer mit einer fiebrigen, von Ohrenschmerzen geplagten Anna auf dem Schoß stieß ich auf eine Zeitungsnotiz über Rattenjunge, die vier Wochen lang abwechselnd in zwei verschiedenen Pappkartons leben mussten. Ziel des Versuchs sei es gewesen, die Wirklichkeit nachzubilden, mit der heutige Scheidungskinder konfrontiert sind. Ich warf einen Blick auf die Titelseite. 2014. Die Kartons standen in einem Zimmer in einem Schweizer Universitätsgebäude, sie standen weit auseinander, der Inhalt war mehr oder weniger gleich: Stroh und Styroporkugeln, eine abgeschnittene Eisbox, die als Futternapf diente, Wasser in mehreren nebeneinander angeordneten Babyfläschchen, die an der Wand herunterhingen, eine Ecke war mit etwas besprüht worden, das Geruchsbildung verhindern sollte, die Rattenjungen sollten alles in ein und demselben Zimmer verrichten. Die Routinen sollten sich leicht unterscheiden, das Futter würde zu unterschiedlichen Zeitpunkten bereitgestellt, Geräusche, Licht und Temperaturen sollten ebenfalls signalisieren, dass man sich an zwei verschiedenen Orten befand. Aus naheliegenden Gründen (hieß es) sollten der Rattenvater und die Rattenmutter nicht an der Untersuchung teilnehmen, da sich ihre emotionale Fürsorge (oder der Mangel einer solchen) keineswegs mit menschlicher Fürsorge vergleichen ließ. Die Jungen sollten daher während des Versuchs allein bleiben. Es folgten ein paar Sätze zum Verlauf des Experiments, die Ratten wurden alle zwei Tage umgesetzt, sie schienen sich an beiden Orten in etwa gleich zu verhalten (die Unterschiede waren minimal und hatten anscheinend hauptsächlich mit den Lichtverhältnissen zu tun), sie kamen nach dem Ortswechsel immer schneller zur Ruhe. Ich vermisste weitere Informationen, fand, dass die Notiz vieles aussparte. Wieder zu Hause, Anna schlief neben mir auf dem Sofa, schlapp von Fiebersenkern und Penicillin, googelte ich »rats, Switzerland, experiment, boxes« und stieß schließlich auf die Homepage der Schweizer Universität. Dort war zu lesen, dass es nach Abschluss des Versuchs, als die kleinen Ratten wieder mit ihrer Mutter vereint wurden, nicht lange dauerte, bis sie auf diese losgingen, und knapp eine Woche nach ihrer Rückkehr fand man die Rattenmutter halb aufgefressen am Futternapf, *wir sollten daraus keine voreiligen Schlüsse ziehen*, sagte einer der Forscher, *was wie Rache aussieht, muss nicht Rache sein.*

Die achtjährige Ausgabe meiner selbst: Meine Mutter stellte vom ersten Adventssonntag bis weit in den Januar hinein Bing Crosby auf Repeat. Was war er für ein toller Mann, schniefte meine Mutter, so gut und so ehrlich!, sieh dir seine Augen an, hast du schon mal so etwas Schönes gesehen? Ich starrte auf das Kassettencover, auf den lachenden jungen Mann mit der Nikolausmütze. *I'm dreaming of a white Christmas, Just like the ones I used to know.* Meine Mutter weinte bei allem, was mit den hohen winterlichen Feiertagen in Verbindung gebracht werden konnte. Toilettenpapierrollen, Filz, Pfeifenputzer und Watte. Lucia-Umzüge, Glanzpapier und Weihnachtsplätzchen. Die berühmte Erkennungsmelodie im Kinderprogramm. Der Duft von Tannengrün und Rippchen. Weihnachtskarten von anderen Familien, zwei Erwachsene und viele Kinder. Ich habe Weihnachten immer geliebt, sagte sie und putzte sich die Nase. Dann nahm sie mich auf den Schoß und flocht mir die Haare, ohne die Enden mit einem Gummi zusammenzubinden, sie beschäftigte nur ihre Hände, egal, was der Rest von ihr machte. Jetzt sprach der Rest von ihr zu mir. Es ist nicht so einfach, sagte sie. Es ist nicht einfach, das kann ich dir sagen. Das hier für euch am Leben zu halten, allein, sich über die Schachtel mit dem Weihnachtsschmuck zu beugen, ohne dass jemand …, und all die Aufgaben, sollte, müsste, unbedingt, die verdammten Pflichten und Erwartungen und Bedürfnisse Bedürfnisse Bedürfnisse die ganze Zeit: Abendessen auf dem Tisch, saubere Ecken, Geschenke für alle, Weihnachtsschmuck aufhängen, Weihnachtsschmuck abhängen, sich an die Aufgaben klammern, euretwegen, sich schlicht am Leben halten, deine Mama ist müde, verstehst du? Karen? Hörst du, was ich sage, deine Mama ist so unendlich müde, hörst du nicht, was ich sage, HÖR MAL ZU!, und die achtjährige Ausgabe meiner selbst drehte sich zu ihr um, aus ihren Augen rannen Tränen, kannst du nicht wenigstens zuhören, wenn ich mit dir rede, kann denn niemand, kann denn ... Ich war immer ein *Weihnachtsmensch*, schniefte sie. Niemand kann verstehen, wie es sich anfühlt, wenn einem die Freude an so etwas genommen wird. Er hat mich beraubt, Karen. Eine Hälfte von mir ist weg, fuhr sie fort. Ja, sagte meine Stimme, sie redete ganz von selbst. Auch meine Hand arbeitete automatisch, legte sich auf ihre nasse Wange, streichelte und streichelte. Vielleicht hoffte die Hand, dass sie weniger weinte; sie weinte mehr. Weihnachten ist so schön, schluchzte sie. So gnadenlos schön, und so grausam. Verstehst du? Ihre Gesichtszüge lösten sich in all dem Nassen, Geschwollenen, Roten auf. Die achtjährige Ausgabe meiner selbst drückte sich an den flauschigen roten Pullover. Die Arme um ihren Hals, die Lippen auf der Haut in ihrem Nacken. Alles wird gut, Mama, flüsterte meine Stimme. Alles wird gut.

Das erste Weihnachten feierten wir mit ihr, das zweite versuchte unser Vater mit uns zu feiern, das dritte, vierte, fünfte, sechste und alle danach waren wir wieder bei ihr. Es ist dieses Weihnachten, das ich kenne. Das Haus wurde rechtzeitig geschmückt, eine gleichmäßige Intensivierung im ganzen Dezember. Schachteln wurden vom Dachboden geholt, Weihnachtsschmuck aufgehängt und hingestellt, zwei Wichtel und drei Rentiere hier, fünfzig Bänder dort. Und die Krippe. Jeder Gegenstand bekam seinen festen Platz, und wenn neue Sachen dazukamen, lief sie mit ihnen durchs Haus und probierte Stellen aus, dort oder dort oder vielleicht dort, bis sie zufrieden war. Dann standen sie da, blieben da stehen. Es kam vor, dass wir etwas ausprobierten. Je nach Eingebung: ein Rentier aus Stroh im Bücherregal, ein anderes unter der Treppe, fünf gläserne Engel vor der Wohnungstür, ein weihnachtlich geschmückter Kaminhandschuh auf dem Couchtisch. Aber sie folgte unmerklich unseren Fußstapfen, räumte Wichtel und Mäuse und Engel zurück an ihre angestammten Plätze. Weihnachten kam trotzdem. Was haben wir über sie gelacht.

Papa!, sagt Anna und zeigt energisch auf das weiße Holzhaus. Ja, sieh nur. Da ist Papa, sage ich. Mist, es ist ein Tag vor Heiligabend, ich muss ihr etwas mehr bieten. Wollen wir für ihn hupen?, frage ich. Ihre Antwort ist ausgelassenes Geheul, und als ich sie aus dem Autositz befreie, schält sie sich aus meinen Armen und rennt die wenigen Meter auf ihn zu, Papa!, schreit sie, Papa-Papa-Papa!, und ich würde ihnen am liebsten die Köpfe abreißen und schreien, dass es doch noch gar nicht so lange her ist, dass wir uns in dieser verdammten Auffahrt gesehen haben, warum dieser Zirkus?, aber ich öffne den Kofferraum und nehme die riesigen Tüten mit den Weihnachtsgeschenken für sie und einem kleinen für ihn heraus, wir haben eine Taschenlampe gekauft, die sie nach gründlichem Nachdenken vor den Regalen eines Baumarkts selbst ausgesucht hat. Ich richte mich auf und stelle seelenruhig die Tüten auf den Boden, ich bin ein erwachsener Mensch, ich verliere nicht die Fassung, weil mein Kind sich freut, einen Menschen zu sehen, den es liebt. Ich reiche ihrem Vater die Tüten und sage nicht: Pass gut auf sie auf, sie gehört mir, ich sage: Sie hat sich gefreut, ich hoffe, ihr habt eine schöne Zeit. Ich weiche seinem Blick aus, ich sehe nicht zum Haus, ich blicke zu Boden. Dann betrachte ich sie. Sie lächelt jetzt und sagt tschüss Mama, und ich sage tschüss Anna, und dann gehen sie hinein, sie zuerst, ihr kleiner roter Rücken, er hinterher. Ich bin schon am Auto, als er sich in der Tür umdreht. Ich bin eingestiegen und spüre erst jetzt den warmen Luftzug, als die Tür geschlossen wird, die Gerüche aus diesem Leben, ich widerstehe dem Drang, ihnen zu folgen, zurückzugehen, ich habe den Motor schon angelassen, da kommen die Tränen, warum kann ich nicht an meiner eigenen Überzeugung festhalten, wenn ich ihn sehe, warum sage ich, dass sie sich gefreut hat, warum dichte ich ihr ihm zuliebe Gefühle an, wenn ich eigentlich nichts anderes will, als sie an mich zu reißen und wegzufahren, keine Ahnung, wohin, an einen Ort ohne Vergangenheit, einen Ort ohne Erinnerungen, ja, das brauchen wir, das brauche ich, nichts, was der Körper erinnert oder hervorruft oder spürt, einen erinnerungslosen Ort.

Ungeklärte Verhaltensregeln in Wohngebieten: Wenn ein Auto still in einer dunklen Wohnstraße steht, wenn ein erwachsener Mensch regungslos auf dem Fahrersitz sitzt, wenn der Kopf dieses erwachsenen Menschen vorgebeugt ist und die Haare dieses erwachsenen Menschen sein Gesicht verbergen und seine Hände nicht in Fahrhaltung auf dem Lenkrad liegen, wenn nichts darauf hindeutet, dass der erwachsene Mensch nach dem Weg sucht oder aus anderen Gründen angesprochen werden will, sollte es eine Regel geben, die besagt GEHENSIEWEITER,KLOPFENSIENICHTANDIESCHEIBE. Klopf, klopf an der Scheibe. Karen! Ein Gesicht unter einer roten Mütze, Lippen und Zähne, viele Zähne, ein Mantel, ein brauner Handschuh, ein brauner Handschuh, der keine Ruhe gibt, der klopft und winkt. Karen! Ein Gesicht wird mit dem Jackenärmel trocken gerieben, eine Scheibe wird heruntergefahren, ein brauner Handschuh gestikuliert im Wagen, eine Stimme mit Ausrufezeichen, ohne Komma und Punkt oder eigentliche Fragen. Mensch ich hab dich fast nicht erkannt habt ihr ein neues Auto oder ist das euer Zweitwagen das kann ja schon mal eine gute Sache sein meine Tochter hat das auch zwei Autos meine ich obwohl ich glaube dass ihr Auto vielleicht eine Spur neuer ist als deins Mensch Mensch ich hab mir fast Sorgen gemacht dass du hier einfach nur rumstehst zwischen den Häusern man weiß ja nie wer hier im Dunkeln steht und lauert in diesen Tagen und da ich sowieso mit Doris raus wollte dachte ich mir dass ich bei der Gelegenheit gleich mal nachschaue ich meine man hört ja so viele komische Sachen nicht wahr dabei bist du es nur wo willst du denn hin vielleicht ins Zentrum und Weihnachtsgeschenke besorgen die Geschäfte haben jetzt vor Weihnachten ja auch abends geöffnet fast rund um die Uhr wollte ich gerade sagen es ist ja schön in aller Ruhe einkaufen zu können das mag ich selbst sehr gern wenn ich nach dem Essen nur nicht zu müde dafür bin aber du wie schön dich mal wieder gesehen zu haben ich habe schon nach dir gefragt verstehst du aber er sagt dass du so viel um die Ohren hast ja Doris ja ich komme ich komme tja ich glaube ich muss mit ihr runter zum Park eine Runde drehen sie zieht ja wie verrückt an der Leine ich krieg fast schon Muskelkater im Arm wir sehen uns bis dahin eine tolle Adventszeit meine Liebe und Grüße daheim tschüss ja tschüss dann.

Stell dir eine ganz normale Woche vor, sagte meine Freundin. Mach es dir nicht unnötig schwer. Anna ist noch zu klein, um zu verstehen. Für sie bedeutet Weihnachten Geschenke, Wichtel und Plätzchen, aber davon abgesehen ist Heiligabend ein ganz normaler Samstag. Schwuppdiwupp ist sie wieder bei dir, Karen. Warte ab, die Kinderbetreuungsfrage wird mit der Zeit leichter. Zu den anderen Äußerungen, die sie vorbrachte, gehörte diese: *Kinder sind robuste Geschöpfe, sich an Veränderungen anzupassen ist für sie wie Eis essen*. Außerdem gibt es weitaus Schlimmeres, insistierte sie. Denk nur mal an die Kleinen, die überhaupt kein Zuhause haben, Kinder an Bord sinkender Schlauchboote auf den Weltmeeren oder die in rauchenden Ruinen herumlaufen. Kinder, die Angst vor ihren Vätern haben. Kinder, die die Wunden ihrer Geschwister oder Mütter verbinden. Denk an sie, denk an sie, denk an sie. Ich denke an sie, sagte ich. Außerdem denke ich an kleine Kätzchen und Karpfenfische und syrische Flüchtlinge und jüdische Kinderskelette und Schwarze Wegschnecken und fröstelnde Robbenbabys, ihre unwissenden dunklen Augen. Und Rattenjunge außer Rand und Band. Willst du noch ein Bier, fragte sie. Sie hörte mir nicht länger zu, trotzdem redete ich weiter.

Wie geht's Ihnen?, fragt der Junge an der Kasse. Ich kaufe Kaffee und Mineralwasser und bekomme dazu eine Tüte Brötchen angeboten, frisch gebackene, für zwanzig Kronen. Ich sage Nein. Wie wäre es mit einer Autowäsche, brauche ich die? Er muss mich das fragen, erklärt er. Sie haben jetzt im Dezember eine Kampagne laufen, wenn er vergisst zu fragen, habe ich Anspruch auf eine Gratis-Goldwäsche, also eine Standardwäsche mit Politur und allem Drum und Dran. Nein, sage ich. Herrgott, NEIN. Er lächelt mitfühlend. Und mir geht auf, dass ich ein Mensch geworden bin, um den andere sich Sorgen machen, nicht so verzweifelt und zornig, dass sie mich für verrückt halten würden, weshalb sie sich nicht trauen, Schritte einzuleiten, aber gerade verweint und rotäugig genug, dass ich sie an jemanden erinnere, den sie kennen.

Das erste Weihnachten ohne Oma, das erste Weihnachten ohne Anna. Nein, nein, nein, die beiden Situationen kannst du nicht vergleichen, sagt meine Mutter, die eine ist unwiederbringlich verloren, die andere hast du eigenhändig weggegeben.

Sie ruft an und fragt, wie weit wir schon sind. Sie will immer wissen, wann man sich ins Auto setzt, welche Fahrzeit das Navi berechnet hat, für den Fall, dass normaler Verkehr herrscht, wo und wann man eventuell unterwegs anzuhalten gedenkt und welches die neu errechnete voraussichtliche Ankunftszeit ist. Ich weiß nicht, wozu sie die Information benötigt, sie wirkt jedes Mal von Neuem überrascht, wenn man vor der Tür steht. Als hätte sie vergessen, dass sich jemand auf den Weg gemacht hat, oder als hätte sie die Warterei aufgegeben und sich zwischenzeitlich mit etwas anderem beschäftigt, wobei man sie auf keinen Fall unterbrechen darf. Ich habe Anna gerade abgegeben, sage ich. Aha. Ihr seid also erst spät losgekommen, sagt sie. Wir wollten uns nicht stressen, sage ich. Wir mussten die Zeit genießen, bevor wir uns trennen. Ihr habt wahrscheinlich schon geschmückt?, fragt sie. Ein bisschen Weihnachten vorab gefeiert? Natürlich, sage ich. Wir haben jede Menge Weihnachtsschmuck aufgehängt und die Zeit ausgiebig genossen. Ich habe meiner Mutter schon schlimmere Lügen aufgetischt. Die arme Anna, sie versteht bestimmt die Welt nicht mehr, fährt meine Mutter fort. So spricht sie zurzeit mit mir. So sprechen fast alle zurzeit mit mir. Meine Tochter befindet sich in einer unerträglichen Situation, wöchentliche Ortswechsel und Trennungsangst und Sehnsucht. Kinder sind robuste Geschöpfe, es gibt trotz allem Schlimmeres, wage ich mich vor. Die Stille in der Leitung zeigt mir, dass die Behauptung meiner Freundin nicht dieselbe Kraft hat, wenn sie von dem Menschen kommt, der hinter der Missetat steht.

Mitten im Oktober war ich im Keller, um mich zu vergewissern, dass die Kiste mit dem Weihnachtsschmuck dort stand, wo ich sie vermutete. Das sollte ich schaffen, ich sollte alles richtig weihnachtlich herrichten, ein Stern und Kerzen und Königsweihrauch im Fenster, von außen sähe alles wunderschön aus. Wollwichtel, Glasengel, zwei rote Tischdecken mit Dompfaffen und schlittenfahrenden Kindern. Kopfkissenbezüge, Leuchten, Kerzenständer, der Adventskalender, den ich selbst als Kind hatte. Ihn wollte ich mit Kleinigkeiten füllen, jede der nummerierten Schachteln mit einer Überraschung. Und Anna mit Vorfreude.

Sie ist noch zu klein, tröstete ich mich, nachdem schon anderthalb Wochen im Dezember verstrichen waren. Die Weihnachtskugeln lagen nach wie vor in ihrer Kiste im Keller, genauso wie der restliche Schmuck. Nächstes Jahr hingegen hätte sie Freude an diesen Dingen. Dann wäre sie vier, fast fünf. Dann würde ihr Gedächtnis anders funktionieren, dann würde sie Zusammenhänge erkennen und Erwartungen haben an Ereignisse, die sich von Jahr zu Jahr wiederholten, Dinge, die ihren festen Platz hatten, Lieder, die bei bestimmten Anlässen gesungen, und Verse, die aufgesagt wurden. Das alles würde ich hinkriegen, denn nächstes Jahr feierte sie Weihnachten bei mir, dann wären meine Kräfte zurück. *So zünden wir zwei Lichtlein an, aus Hoffnung und aus Freude.*

Wenige Tage danach rief meine kleine Schwester an und fragte, ob »wir« am Wochenende zum Adventsessen kommen wollten. Daran erinnert, dass es Menschen gab, die in den schönsten Wochen des Jahres das machten, was man so tat, Backen, Einkaufen, Schmücken, Einladen, während ich, die ich früher ebenfalls einer dieser Menschen gewesen war, nichts tat, vergaß ich, wie mein Leben zurzeit aussah, dass das »Wir« einen neuen Inhalt bekommen hatte: Ich werde das mit ihm besprechen, sagte ich und merkte, als sie still wurde, zu spät, was ich gesagt hatte. Herrgott, wie ich es satthabe, dass die Leute still werden, diese Stille, die eine Konsequenz der Anklagen oder des Mitgefühls ist, die eine Konsequenz des Verlusts sind, die eine Konsequenz des, ja, als gäbe es für all das ein einfaches Wort.

Meine Mutter sagte: Unsere Scheidungen kann man nicht vergleichen. Ich war jung, jünger als du, ich hatte bekommen, was ich mir am meisten gewünscht hatte, zwei gesunde Kinder mit einem scheinbar gesunden Mann, jedenfalls in körperlicher Hinsicht, ich wollte das Leben mit euch, mit ihm, ich wollte darin *verweilen*, verstehst du, darin *verharren*, es ist nicht meine Schuld, dass er den Wert einer Ehe nicht sah, es ist nicht meine Schuld, dass er die Neigung besaß, den Körper anderer Frauen zu penetrieren, es ist nicht meine Schuld, dass er keinen Einsatz bringen wollte, um die Familie zusammenzuhalten, dass er meine Liebe nicht wichtig fand oder die Jahre, die hinter uns lagen, oder euch, na ja, versteh mich nicht falsch, natürlich fand er euch wichtig, aber nicht so wichtig, dass er bereit war, auf die Freiheit zu verzichten, so leben zu können, wie er wollte, mit wem er wollte, wann er wollte, es ist nicht meine Schuld, dass er das, was ich backte und briet und garte und wusch und putzte und vorbereitete und schmückte und regelte und unternahm, all die Orgasmen, die ich ihm vorspielte, nicht mochte, es ist nicht meine Schuld, dass er das Gras auf der anderen Seite stets für grüner oder höher oder saftiger oder was auch immer hielt, es ist nicht meine Schuld, dass er ausschließlich an sich dachte und seine Entscheidungen aus einer Perspektive der Eigennützigkeit heraus begründete, so kann man nicht denken, wenn man zu zweit ist, wenn man zu mehreren ist, so funktioniert eine erwachsene Liebesbeziehung nicht, was sollte der Sinn dahinter sein, dass man sich zusammengetan, einander Versprechungen gemacht, Kinder gezeugt, Kinder bekommen hat, wenn alles jederzeit wieder aufgelöst werden kann, wenn der eine jederzeit zur Tür hinausgehen und alles verlassen kann, was Mühe kostet, um allein zu sein, nein, weißt du was, es ist in Wahrheit ein Riesenunterschied, ob man der ist, der bleibt, oder der, der geht. Unsere Scheidungen kann man nicht vergleichen.

Erinnerungen sind mikroskopisch kleine Partikel im freien Fall. Schüttelt man den Kopf, vermischen sie sich. Schüttelt man den Kopf noch einmal, fügen sie sich zu neuen Formationen zusammen.

Als mein Vater starb, war ich zwölf. Wie unglücklich sollte ich sein, wie sollte ich trauern, welchen Unterschied machte es für mein Leben? Was war noch übrig von ein paar sporadischen Wochenenden und Wochentagen in den ersten Jahren, ein unscharfes Bild von einem Lächeln und zwei bezogenen Schlafsofas. Wir wohnten bei unserer Mutter, damals sprachen Familienberatungsstellen noch nicht von gleichwertigen Vereinbarungen, *ihren* Geruch atmeten wir ein, *ihre* Gewohnheiten und *ihren* Alltag kannten wir. Aber an Folgendes erinnere ich mich: seine Schuhe in einer Reihe an der Wand, Turnschuhe, Stoffschuhe, Lederschuhe, kein Sandkorn auf dem Boden. Seine Jacken: eine für den Sport, eine für schick, eine für die Freizeit. Sie hingen zum sofortigen Gebrauch bereit, für wen auch immer, ein mittelgroßer, mittelbreiter Mann, ordentliche Klamotten, die nicht auffielen, weder in Farbe noch in Schnitt. Blau, blaugrau, grau meliert. Bitte zieht mich an. Oder bitte werft mich weg. Sein Leben ließ sich innerhalb von einem halben Tag beseitigen. Weg war es. Ich erbte sein Reisetagebuch. Darin hatte er in Stichworten etwas über den Wind, das Wetter, die Sehenswürdigkeiten und Restaurantbesuche notiert. Keinerlei beleidigende Sätze über einen anderen Menschen. Keinerlei peinliche Enthüllungen. Simple living, clean dying. Oder so ähnlich. Für alle anderen außer meiner Mutter war er ein untadeliger Mann. Das trieb sie in den Wahnsinn, wenn die anderen nur *wüssten*, sagte sie. Was wüssten?, fragte ich. Knochentrockenes Holz für ihre rot glühende Wut.

Oma vertraute mir an, dass mein Vater die Angewohnheit hatte, meiner Mutter zu gehorchen. Darum könnte sich meine Mutter bei sich selbst bedanken, hatte sie ihn nicht angeschrien, er solle gehen und nie mehr wiederkommen? Oma fügte hinzu, dass sie nicht verstehen könne, was man überhaupt an diesem Mann finden konnte, einen *Jammerlappen* nannte sie ihn. Anscheinend war er einer von denen, die durchs Leben liefen und auf Befehle von anderen Menschen warteten. Und vielleicht war er ja ein solcher Mann, trat ins Zimmer, wenn jemand ihn hereinbat, verschwand wieder, wenn jemand es befahl.

In einer anderen Wirklichkeit hätte ich unterwegs bei meiner kleinen Schwester vorbeigeschaut. Ich könne jederzeit vorbeikommen, hat sie gesagt. Wir wissen, dass das nicht passiert. Ich kann nicht genau sagen, warum, möglicherweise hat sie sich selbst ein paar diplomatische Erklärungen zurechtgelegt: die Unterschiede zwischen uns oder ein aufreibender Alltag mit kleinen Kindern, falls die Leute fragen. *Wie geht es deiner großen Schwester, ihr seht euch bestimmt oft, wo ihr so dicht beieinander wohnt?* Ich kann ihr Haus oben am Berg erkennen, der Rasen darunter sieht aus wie eine große weiße Bettdecke, die perfekt zu Zuckerhüten frisierten Ziersträucher sind mit weißem Puderzucker bestäubt. Meine kleine Schwester liebt ihren Garten. Sie hat ihn in zwei Sommern und drei Wintern auf Vordermann gebracht. Rhabarber hinter der Doppelgarage und zarte Beerensträucher entlang des in Schuss gehaltenen Lattenzauns, Karotten, Radieschen, roter Pflücksalat, Spinat, Topinambur, Fenchel, Frühlingszwiebeln und Tomaten in den vier Kästen, die sie zusammengebaut, abgeschmirgelt, gestrichen und nebeneinander ins Gras gestellt hat, dazwischen hat sie gerade genug Platz gelassen, um leichter dranzukommen, ein Kräuterbeet dicht an dem riesigen Birnbaum und den Pfingstrosen des Nachbarn, Pfingstrosen am Stamm des Apfelbaums, bei der nächsten Blüte werden sie die Stütze gut gebrauchen können, schwere weiße duftende Kugeln, die auf zarten grünbraunen Stängeln balancieren, und gleichzeitig mit den Pfingstrosen explodiert der Flieder, Kaskaden an Weiß und Altrosa, und nach ihnen ergießt sich die Kapuzinerkresse über den Rasen und Dahlien und Akelei und Rittersporn, aber auch Breitwegerich und Löwenzahn und Giersch, im Sommer muss sie – mindestens – zwei Abende pro Woche investieren, mit Gießkanne und Jätwerkzeug und einer Essigmischung auf allen vieren durchs Gras kriechen, um zu umsorgen, was leben soll, und auszurotten, was sterben soll, und dann gibt es noch die Schnecken, was macht man eigentlich mit denen? Fragte sie. Als wir uns im September in diesem Straßencafé trafen. Es dauert mindestens noch ein halbes Jahr, bis überhaupt wieder was in deinem Garten wächst, antwortete ich. Aber ich muss doch planen, sagte sie, die verdammten Schnecken legen bestimmt unterm Schnee ihre Eier ab. Ja, und dann kriechen sie in den Keller und wachsen und schleimen sich in eure Betten und übernehmen das Haus, sagte ich. Dann weißt du wieder, was zu tun ist. Nein, sagte sie. Das weiß ich nicht. Küchenschere, sagte ich. Küchenschere und Handschuhe und Spaten und Eimer. Anschließend gießt du Peders Whiskyvorrat darüber und zündest den ganzen Mist an. Schon bist du alle Probleme los. Mein Gott, Karen, sagte sie. Was bist du morbid.

Wir rannten gern hintereinander her durchs Haus, jähzornig, ich zuerst, sie gleich dahinter, die Badezimmertür hatte ein viereckiges Spanbrett in der Mitte, das trat sie ein, ich schrie, jeder einzelne Muskel in meinem Körper zitterte vor Freude und Angst, wir demonstrierten unseren Hass auf offene, ausgesprochene Art, reinste, konzentrierteste und ausgeklügelste Wut floss zwischen uns in einem permanenten Strom, einzig gezähmt von geschlossenen Kinderzimmertüren und Schlaf. Jetzt unterhalten wir uns gedämpft, verständnisvoll, halten uns fern von den offensichtlichen Unterschieden. Wie zum Beispiel dem, dass sie sich in einer grünen Lunge außerhalb der Stadt niedergelassen hat (ihre Worte), mit einem Zeitungsredakteur verheiratet ist und zwei Kinder hat, die auf allen Fotos lächeln. Wenn die Kleinen ein seltenes Mal und aus völlig unerfindlichen Gründen etwas anstellen, müssen sie für mindestens fünf Minuten auf der untersten Treppenstufe sitzen, das ist das Schlimmste, was passieren kann. Ihre jüngste Tochter, sie ist erst zweieinhalb, bittet höflich und vorsichtig um Wasser, wenn sie nachts wach wird. Dann trinkt sie, bedankt sich artig und schläft wieder ein.

Verzweiflungauslösende Gegenstände, 1: Die halb offene Tür zu Annas Zimmer, ein Mausoleum, ich hätte etwas mehr über die Anordnung nachdenken sollen, hätte mich mehr an das Buch halten sollen. 2: Ihre Haarbürste, sie hinterlässt ständig und überall ein bisschen was von sich, das sollte nicht erlaubt sein. 3: Die verdammte Sporttasche.

Die Frau im Sportgeschäft wollte wissen, ob ich etwas Spezielles suche, und ausnahmsweise akzeptierte ich diese Form der Einmischung. Ich sei auf der Suche nach einer Tasche, vertraute ich ihr an, die groß genug sei für mich. Fürs Training?, fragte sie. Nein, für mich, sagte ich. Vielleicht fand sie, ich sähe sportlich aus, vielleicht glaubte sie, ich hätte vor, eine große Tasche mit Aerobic-Klamotten, Laufschuhen, Hanteln, einer Matte und einem Trinkgürtel mit vier bis fünf Flaschen vollzupacken. Ich treibe keinen Sport, erklärte ich. Dann wollen Sie wahrscheinlich verreisen?, schlug sie vor. Das auch nicht. Nylon? Leinen? Gummi? Sie zeigte mit einer ausladenden Bewegung auf das Sortiment, als wollte sie sagen, es gebe unendlich viele Möglichkeiten, wenn ich nur so freundlich wäre, ihr zu helfen. Es sollen Kinderklamotten hineinpassen, sagte ich. Und ich. Jede zweite Woche. Darum ist es wichtig, dass genug Luft reinkommt und das Material robust ist. Daraufhin lachte sie herzhaft. Oh Gott, wie herrlich, hätten nur mehr Mütter Galgenhumor, sagte sie. Ich meine, wir reden schließlich von 2016, oder?

Nach den Nachrichten kommen die Verkehrsmeldungen, Totalsperrung irgendeiner Reichsstraße, Kollision zwischen einem Güterzug und einem Pkw, Polizei und Rettungsdienst sind vor Ort, Aufräumarbeiten dauern an, Autofahrer werden gebeten, die Stelle auf kleineren Straßen zu umfahren. Nach den Verkehrsnachrichten folgen Weihnachtslieder, Liebeslieder, das ist der Moment, um das Radio auszuschalten, es ist absolut unglaublich, welche Künstler, welche Lieder mich zurzeit zum Heulen bringen, Trauer denkt nicht, ist nicht kritisch, hat keinen Geschmack, und Musik kann ganz plötzlich daherkommen, aus dem Lautsprecher eines Shoppingcenters oder aus dem Autoradio, ein Angriff aus dem Hinterhalt, darum höre ich lieber keine Musik, die ich nicht selbst aufgelegt habe. Früher habe ich das, was kam, schutzlos über mich ergehen lassen. Und jetzt? Ist es so, dass Lieder, die zu diesem Leben gehören, Texte, die zu diesem Leben gehören, Sätze und Zwischenstücke und erste Solisten, Fotografien und Geschmäcker und Gewohnheiten und Gedankengänge, die zu diesem Leben gehören, keinen Platz mehr in mir haben oder zu viel Platz einnehmen. Nachrichtensender sind am unbedenklichsten. Von ihnen lasse ich mir alles gefallen: Terrorangriffe, Kinderschutzfälle, vom Aussterben bedrohte Tierarten, Übergriffe, Todesfälle und Naturkatastrophen, ohne dass es mich durchlöchert, ohne dass es mich überhaupt beeinträchtigt. Ich sage nicht, dass es mich nicht interessiert. Ich sage. Keine Ahnung, aber wenn chronische Schmerzen unerträglich werden, kann es helfen, Schmerzen an einer anderen Stelle im Körper hervorzurufen, schlägst du den Kopf hart gegen die Wand, schneidest du tief genug, wird die Aufmerksamkeit dorthin gelenkt. Darum Nachrichten, darum Filme, darum Bücher, wenn die Schlechtigkeit der Welt die Sache besser macht.

Oma hörte Radio. Die Wettervorhersage für Sportbootbesitzer oder nächtliche Grüße, egal was, Hauptsache, es lenkte die Gedanken weg von ihr. Nach Opas Tod schaltete sie das Radio nicht mal mehr aus, wenn sie zu Bett ging. So waren die Stimmen morgens da und nahmen sie in Empfang: Hör zu, wir haben dich nicht vergessen. Ihre jüngere Schwester regte sich über das Gemurmel am Wohnzimmertisch auf, sie kam zweimal im Jahr zu Besuch, an Weihnachten und an Omas Geburtstag. Jedes Mal bückte sie sich und stellte den Ton ab. Ich verstand nicht, warum, wir übertönten ihn sowieso mit Geschwätz und Gläserklirren und Gelächter, er sollte uns nichts anhaben können. Aber es reicht schon, dass ich von den Geräuschen *weiß*, sagte ihre kleine Schwester. Sobald die anderen Gäste gegangen waren, schaltete ich das Radio wieder ein. Ich weiß nicht, ob Oma etwas davon mitbekam, von der gereizten kleinen Schwester oder von mir, Hauptsache, die Geräusche gingen weiter, das Geplauder und die Musik und die Erkennungsmelodien, die sich beruhigend ins Zimmer schlichen, sonst wüsste sie nicht mehr, wie es wieder einzuschalten ginge, und sobald wir uns verabschiedet hätten, wäre sie ganz allein.

Die kleinsten Töchter

klammern sich an ihre Mütter in der Gewissheit, geliebt zu werden.

Die kleinen Töchter

schmiegen sich an ihre Mütter mit dem Wunsch, umsorgt zu werden.

Die etwas größeren Töchter

vertrauen sich ihren Müttern an in der Erwartung, verstanden zu werden.

Die erwachsenen Töchter

besuchen ihre Mütter in der Hoffnung, nicht abgewiesen zu werden.

Circa zwölf Tage nach der Geburt haben die Jungen der Sattelrobbe genug Fett angesetzt, jetzt werden sie von der Mutter verlassen. That's nature, sagte die gelehrte Männerstimme in dem Natur-Dokumentarfilm, den ich mit nach Hause genommen hatte. *Aber wer weiß, was sie jetzt denkt, was sie fühlt, während sie davonschwimmt,* fuhr die Stimme fort. Ich drückte den Pausenknopf und starrte die große graue Gestalt an, die gerade ins Wasser gerobbt war und die vier weißen Fellklumpen an Land zurückgelassen hatte. Wie war das möglich? Sie schwamm so leicht davon, so frei, der Körper tauchte unter die Wasseroberfläche und kam wieder hoch, das wiederholte sie wieder und wieder, bis sie am Horizont verschwand, fast sah es so aus, als amüsierte sie sich.

Mensch, eigentlich hast du's auch ganz schön gut, sagt meine Freundin. Junge Mutter mit Zeit für sich, wie viele von uns haben das schon?

Ich weiß, ich weiß, ich weiß. Ich kann mitten in der Woche ins Kino gehen ohne Babysitter. Kann mich betrinken und am nächsten Morgen ausschlafen. Viermal hintereinander das Kochen auslassen, Abendschichten übernehmen, Impulsen und Einfällen folgen, im Prinzip kann ich schlafen, mit wem ich will, reisen, wohin ich will, und fast auch, wann ich will, nur selten habe ich Lust, diese vielen Möglichkeiten auch zu nutzen, in der Regel mache ich nichts. Ich habe mir ein Festivalticket gekauft. Vier Tage hintereinander auf Konzerte gehen könnte auch Teil des Lebens sein, meines neuen Lebens, ich schaffte es, mich zu freuen, ich schaffte es zu denken, dass ich mir etwas Freude gönnen sollte, wenn das Leben nun mal so war, wie es war, aber dann, stoßweise, ruckweise, drängte sich ein anderes Gefühl nach vorn, überrollte mich, es war die Scham, die sich zu erkennen gab: Für wen hältst du dich eigentlich, was bildest du dir ein, mit welchem Recht nimmst du dir das hier vor? Ich war chancenlos. Ja, was bildete ich mir eigentlich ein? Dass ich wieder fünfundzwanzig war, dass ich jede zweite Woche bloß in der Zeit zurückzuspringen brauchte, zurück in ein Leben, das nichts von mir verlangte, einen Alltag ohne kleine Hände, ohne Verpflichtungen. Mein abgelegtes Ich über den Kopf ziehen und so tun, als wäre nichts gewesen. Als wäre ich irgendein verheirateter oder liierter Mensch, der *kinderfrei* hatte, wie man so schön sagt. Nein. *Du bist an der einzigen Aufgabe gescheitert, die wirklich zählt.* Ich zerriss das Ticket. Würde ich es verkaufen, gäbe ich zugleich preis, dass ich es gekauft hatte, dass ich Mitte dreißig war und mich an den Tagen ohne Kind panisch ins Leben stürzte. Aber ich bin so erschöpft, könnte ich einwenden. Ich muss mich beschäftigen, wenn meine Tochter schon weg von mir ist. Ich glaube, etwas Ablenkung wird mir guttun, mich auf andere Gedanken bringen. Da drehte die Scham sich um und starrte mich an: *Sie* weg von *dir?* Entschuldige mal, was redest du da?

Kleine Kätzchen, die man ihrer Mutter zu früh weggenommen hat, können schlimmstenfalls so gestört sein, dass sie nicht als Haustier taugen. Und Folgendes ist nachgewiesen: Wenn man Kätzchen nach langer Trennung, das heißt nach etwa einem halben Jahr, wieder mit der Mutter zusammenbringt, wird das Trauma der Kätzchen verstärkt. *Insbesondere* weil die Mutter nicht in der Lage sein wird, ihnen mit Liebe zu begegnen – aus dem einfachen Grund, dass sie ihre Jungen nicht erkennt. Ein desinteressierter Blick, eine untätige Zunge.

Jede zweite Woche steht sie bei mir unter permanenter Beobachtung. Reagiert sie zu schnell, fährt sie zusammen, wenn ich ins Zimmer komme, ändert sie ihr Verhalten/passt sie die Lautstärke an/lächelt sie gekünstelt, kreuze ich *Angst* an. Weint sie, wenn ich sie abgebe, notiere ich *Bindungsprobleme*. Weint sie nicht, schreibe ich *brav/gekünstelt*. Auf meiner inneren Checkliste für mögliche Symptome gibt es keine Rubrik für *Ursache unbekannt*. Ich kreuze alles an, was ich erkenne, zähle hinzu, was ich gelesen habe, ziehe ab, was ich nicht verstehe, und ermittele die Summe. Alle Symptome verweisen auf eine Diagnose: *Scheidungsschäden*. Auf wie viele Arten mache ich sie kaputt? Falls die Summe der Antworten zu meinen Ungunsten ausfällt, geh bitte mit mir hinter die Scheune und setze dem Ganzen ein Ende. Ein Schuss ins Schwarze. Aber eins muss man uns lassen, der Sattelrobbe und mir, bis auf Weiteres halten wir durch.

Wenn sich die Mutter nicht als Mutter fühlt, während das Kind beim Vater ist, als was fühlt sich dann das Kind – als Nicht-Kind? Wenn die Mutter so tut, als gäbe es das Kind nicht, damit sie sich besser fühlt, als was fühlt sich dann das Kind – als einen Nebel da draußen, einen Nicht-Zustand?

Verzweiflungauslösende Vorkommnisse, 1: Ihrem Kindergarten bei einem Ausflug zu begegnen, in der Woche, in der ich allein bin. 2: Wenn sie fällt und sich wehtut und nach ihrem Vater ruft. 3: Oder wenn wir im Laden in der Schlange stehen und ihr ein kleiner Ausruf entfährt: DAS HABE ICH BEI PAPA GEGESSEN, denn dann wird offenbar, dass sie solche Elternteile hat, eine Familie in Scherben, und sogleich wandern die Blicke zu den Waren auf dem Laufband, denn manche Waren besitzen in bestimmten Lebenssituationen eine größere Legitimität, ist man mit dem Kind allein, bedeutet Eis an einem Mittwoch, dass man ein viel zu nachgiebiger, vielleicht sogar resignierter Erziehungsberechtigter ist, Bier vermag die Gedanken in eine Richtung zu lenken, wonach man als alkoholabhängig gelten kann (trägt man einen Ring am Finger, kauft man für den Mann zu Hause ein, und schon ist die Situation eine völlig andere), und ich sehe, welches Bild wir abgeben: Alleinerziehende mit ungesunder Ernährungsweise und einem Haufen anderer schlechter Angewohnheiten, die das arme Kind ausbaden muss.

All die Zeit dazwischen – was soll ich damit? Ich erinnere mich an die Klagegesänge aus den ersten Monaten mit Baby, die Worte, die ich dem Gesundheitspersonal und Freundinnen und anderen, die mit der Erfindung Mutter-Kind in Verbindung gebracht werden konnten, ins Gesicht geschleudert habe, in der Hoffnung, im Gegenzug die eine oder andere Form von Trost zu erhalten: *Es fühlt sich an, als würde ich mich selbst verlieren! Ich habe außer für sie ja für NICHTS mehr Zeit!* Jetzt feixen die Worte zurück, das Echo hallt aus ihrem leeren Kinderzimmer:

Ja?
Ja?
Ja?

Hier ist die Zeit,
die Zeit,
die Zeit.

Was willst du mit ihr anfangen,
anfangen,
anfangen?

Nutzungsmöglichkeit: Begib dich selbst in jeder zweiten Woche in einen Dämmerzustand. So wird die Lebenszeit verlängert und die Wartezeit verkürzt.

Sinkt die Wassertemperatur unter fünfzehn Grad, bekommt der Karpfenfisch Koi Probleme mit der Nahrungsaufnahme. Sein Verdauungssystem wird träger, Futter kann regelrecht lebensbedrohlich werden. Ein Dämmerzustand in dunkleren und noch kälteren Gewässern ist die Lösung für die entsprechende Zeit. Eine tiefe Badewanne in einem lichtlosen Raum, Wassertemperatur vier, fünf Grad. Man muss den Koi sehr vorsichtig vom Teich zur Badewanne transportieren, damit er keinen Schock erleidet. Ist er erst einmal dort in der Sicherheit der Kälte, kann er ohne Nahrung mehr als sechs Monate überleben. Ein langer Schlaf, nahezu keine Bewegung, alle drei bis vier Stunden schlägt er vielleicht vorsichtig mit dem Schwanz oder legt sich auf die Seite, treibt langsam im Wasser mit dem Bauch nach oben, aber mit welchem Recht nennen wir dies ein trauriges Leben?

Wie schaltet man aus, wie schaltet man ein, und was macht das mit dem Ganzen? Ist man in der einen Woche Mutter, was ist man dann in der anderen, und wie findet man wieder zu sich? Wieso hinkt der Körper hinterher, warum falle ich aus meiner Rolle, warum sage ich »Rolle«, bin ich vielleicht nicht die ganze Zeit ihre Mutter, und warum drängt sich die Frage in den Vordergrund: Kriege ich es nicht hin, dieselbe Person für sie zu sein, auf sie aufzupassen und ihr Sicherheit zu vermitteln – ohne ihn? Wenn Anna bei mir ist und ich volle Präsenz zeigen müsste, springen meine Gedanken in die verschiedensten Richtungen. Wenn ich aufpassen sollte, bin ich abwesend. Auf dem Spielplatz ist mein Blick auf sie gerichtet, trotzdem bekomme ich nicht mit, was passiert, *Mama, guck mal her, jetzt!*, sie ist zu schnell und vergisst, sich festzuhalten, sie fällt und hat jede Menge Steinchen im Mund, und an ihren Knien und Händen hat sie Abdrücke von Steinen, ich sehe sie an, ich sehe sie an, ich sehe sie an. Der Nebel vor meinen Augen, woraus besteht er? Wie kriege ich ihn weg? Andere Eltern, hauptsächlich Mütter, eilen herbei. Ich stehe nur da und sehe sie an. Wo ist deine Mama?, fragt jemand. Anna sieht sich um. Mama!, schreit sie, weint sie. Jetzt reagiere ich, jetzt muss ich loslaufen, kann nicht länger stehen bleiben. So etwas kann man einmal erklären, zweimal entschuldigen, aber wenn ich zugebe, dass sich die Szene ständig in neuem Gewand wiederholt, eine unzählige Anzahl an Variationen, große und kleine Szenarien: am Strand, im Wald, bei Kinderveranstaltungen in der Bibliothek, an Geburtstagen, beim Arzt, dass es immer eine andere Mutter gibt, die den Vorfall oder Unfall vor mir mitbekommt, die vor mir ankommt, die vor mir mit Papiertaschentüchern und Fürsorge herbeieilt, was dann? Was sagt man dann zu mir? Wie sollte man mich trösten?

Wäre sie jetzt hier, in genau diesem Augenblick, wäre ich die aufmerksamste, präsenteste Mutter von allen. Den Nebel verscheuchen, meine eigenen Bedürfnisse beiseiteschieben. *Ja, was wolltest du mir zeigen, mein Schatz?*

An einem Vormittag im Oktober, ich stand in der Küche und aß Knäckebrot, ein spätes Frühstück, weil ich drei Abende hintereinander in der Bibliothek gearbeitet hatte, das konnte ich jetzt, wenn Anna bei ihrem Vater war. Da hörte ich sie unten auf der Straße, fünf Stockwerke unter mir, Kinder auf einem Ausflug, die Stimmen wurden lauter, je näher sie kamen, Gelächter und Rufe und leises Quietschen, und ich öffnete das Fenster, wollte sie sehen, aber es ging nicht, die Bauweise des Wohnblocks ließ es nicht zu, in Dachgeschosswohnungen hat man nur Schrägen, die Fenster zeigen zum Himmel, nicht zur Erde. Die Kinderstimmen. Die Kinderkörper. Ihre Kraft. Ihre intensive Präsenz. Oder? Wenn ich sie nicht sehen konnte, wenn das Auge keine Bestätigung der Urheber erhielt, bildete ich mir dann alles nur ein? Wie wenn ich morgens aufwachte und Anna in ihrem Zimmer hörte, plappernd und singend, um mich in der nächsten Sekunde daran zu erinnern, dass ich in der falschen Woche war. Geisterkinderstimme. Geisterkinderkörper. Ihre Geisterkraft. Doch da! In den Fenstern der gegenüberliegenden Wohnblocks waren sie zu sehen, es gab sie tatsächlich, spiegelverkehrte kleine Menschen, eine Schulklasse, rote, grüne, rosa und blaue Windjacken in einer Formation, zwei und zwei in einer langen, langen Reihe, herumwirbelnde Rucksäcke und Zöpfe und Gummistiefel, die in alle Richtungen wollten, aber der einen Richtung folgten, die ihnen vorgegeben wurde, geradeaus, ein Erwachsener vorweg, zwei Erwachsene hinterher. BLEIBT IN DER REIHE!, rief der eine, ein Mann, und daraufhin blieben sie in der Reihe, gingen dichter zusammen und minutenlang vielleicht etwas langsamer, ich nahm an, dass dieses Kommando in regelmäßigen Abständen wiederholt wurde, anschließend wurden die Geräusche leiser, sie mussten um die Ecke gebogen und hinunter zum Wasser gegangen sein, die Spiegelung in den Fensterreihen auf der gegenüberliegenden Straßenseite verschwand, ich hörte das Knäckebrot in meinem Kopf knirschen, dann waren sie weg.

Als ich von der Hauptstraße abbiege, schickt er mir eine Nachricht, ich halte in der nächstbesten Parkbucht und schaue sie mir an. *Fröhliche Weihnachten, Mama,* steht dort, zusammen mit einem Video. Darin wickelt sie sich eine Glitzergirlande um den Kopf, am Ende ist diese in schlaffen Bögen über ihre runden Schultern drapiert und wippt auf und ab, während sie tanzt und *Lasst uns froh und munter sein* singt. Jetzt gehört sie ihm. Auf den Fotos und Filmen, die er schickt, sieht sie fremd aus, als würde sie in den verschiedenen Versionen ihres Zuhauses verschiedene Versionen ihrer selbst zeigen. Als wir noch zusammen um sie herum waren, war ich mir ihres Gesichts, ihres Willens, ihres Temperaments nicht in dieser Weise bewusst. Wem sie ähnelt, wenn sie mir ihre Wut entgegenbrüllt. Welche Gesichtsausdrücke in ihren verschiedenen Gemütslagen vorbeiflimmern. Früher gab es keinen Abgrund, über den dieses kleine Wesen gespannt wurde. Im weiteren Verlauf des Tages werde ich das Foto auf dem Schirm endlos auseinanderziehen, es möglichst groß machen, um ihrem Gesicht möglichst nahe zu kommen. Ist ihr Blick fröhlicher, ihr Lächeln entspannter, ihre Haut glühender, geht es ihr dort besser, bei ihm?

Wie fröhlich und glühend und entspannt ist sie bei mir? Falls Anna so wird wie ich, mit der Betonung auf *falls*, wenn es ihr also so ergehen sollte wie mir, dass sie als Achtjährige, Zehnjährige, Dreizehnjährige durch die Gegend läuft und genauso lieb und fröhlich ist, wie ich es sein wollte, und ich wiederhole, es gibt hier ein großes *Falls*, stelle ich die Frage trotzdem in aller Aufrichtigkeit: Kann ich dann sagen, dass sie von Anfang an ein braves Kind *war*, oder muss ich der Tatsache ins Auge sehen, dass ich sie zu einem braven Kind *gemacht habe?*

Ich weiß, ich weiß, ich weiß. Es ist kein Wettkampf. Aber ich will ihn gewinnen.

Wir machen Hüttenferien. Ich saß ganz vorn auf einem langen, schmalen Steg, der über einen mit einer dicken Eisschicht bedeckten See ragte. Anna spielte direkt vor mir mit einem Stock, den sie auf dem Waldweg gefunden hatte, sie steckte ihn in die dünne Schneeschicht, pochte gegen das Eis und schickte weiße Kältewolken in alle Richtungen. Plötzlich bekam ich Lust, ein Foto von ihr zu machen, zog mit kalten steifen Fingern das Handy aus der Jackentasche, versuchte in dem kleinen Rechteck der Kamera mein Gesicht und ihren Körper einzufangen, es sollte groß genug für uns beide sein. Aber sie war permanent in Bewegung, eine Hälfte von ihr dort, der Hinterkopf hier, und in den Fällen, in denen ich genau im richtigen Augenblick abdrückte, waren wir beide nicht im Fokus. Als wir zur Hütte zurückkehrten, unternahm ich einen erneuten Versuch, es würde so gemütlich aussehen, das kleine Mädchen in dem riesigen Sessel mit Wollbezug vorm Kamin, ihre nackten Füßchen, die sie der Wärme entgegenstreckte, und die Socken zum Trocknen über dem Korb mit Feuerholz, schau mal hierher, sagte ich, und das hätte ich besser nicht getan, sie hat schon die Kunst des aufgesetzten Lächelns gelernt, dreht sich gehorsam um zu dem, der spricht, und wird zu der, die sie glaubt, sein zu müssen.

Ich bin am Ziel. Mache den Motor aus. Öffne die Tür, steige aus. Passe auf, dass ich auf der glatten Autospur nicht ausrutsche, klammere mich an den Kofferraumgriff, nehme Tüten und Einkaufsnetze heraus, balanciere zurück zum Fahrersitz, um ein paar lose herumliegende Sachen an mich zu nehmen. Versuche, nicht an den großen Audi neben mir zu stoßen. Die Parkplätze sind schmal, für eine andere Zeit gebaut. Die Menschen, die hier früher wohnten, fuhren unvorstellbar kleine Autos, obwohl sie dutzendweise Kinder bekamen und es so lange miteinander aushielten, wie sie es einander versprochen hatten.

Meine Mutter sagt, sie habe auf mich gewartet. Tut mir leid, sage ich, gehe davon aus, dass sie meint, ich hätte mich verspätet, aber nein, sie will keine Entschuldigung hören, sie will Glögg trinken, jetzt, wo ich da bin, jetzt, wo wir zu zweit sind. Jetzt wollen wir es uns gemütlich machen, sagt sie und nimmt meinen Schal. Verstaut ihn oben im Korb, wo er früher immer lag. Ich bin nicht zu Besuch, ich bin nicht zu Hause, ich bin nicht erwachsen, ich bin siebzehn, zwölf, zehn, acht, fünf, drei, hier im Haus finden sich alle Weihnachtsfeste, und in irgendeiner Weise gibt es mich darin.

Spiel das Kind, spiel die Mutter. Füll die Charaktere mit Leben. Gib ihnen eine Aufgabe. Führe Sie in einen Konflikt, bring sie enger zusammen oder lass eine Spaltung zu, durch einen gemeinsamen Feind. Wer ist Protagonist, wer Antagonist, triff Entscheidungen! Lass die Aufführung eine wichtige Aussage treffen über die Zeit, in der wir leben. Mach das Stück glaubwürdig.

Jetzt wollen wir es uns gemütlich machen, wiederholt sie. Darauf habe ich mich gefreut, sage ich, wenn sie sich eine brave Tochter wünscht, kann ich verdammt noch mal eine brave Tochter sein, es denken, es tun, es durchziehen, auf die Demonstration jeglicher Schmerznuancen verzichten. Wie schön, sagt sie und schenkt Glögg in meinen Becher. Sie hat nicht nach Anna gefragt. Ich werde nichts erzählen. Mich sagen zu hören, dass ich mein Töchterchen vermisse und traurig bin, keine Familie hinbekommen zu haben, bedeutet nur, dass sie erneut die Geschichte ihres eigenen Lebens und dessen Auflösung erzählt, und will sie das? Kann man eine Tochter lieben, die eigentlich in allem eine Verlängerung der eigenen Persönlichkeit ist, die dich daran erinnert, wie sehr du dich hasst?

Sobald du über die Türschwelle trittst, sollst du vergessen, wer du geworden bist und woher du kommst. Deine aktuelle Situation ist für uns nicht interessant, jetzt zählt nur noch Weihnachten. *Same procedure as every year, James. Well, I'll do my very best.*

Bühnenstück im Advent, Dialog zwischen Mutter und Tochter

Mutter: *Ich könnte mir vorstellen, dieses Jahr zur Kirche zu gehen.*
Tochter: *Klingt gut.*
Mutter: *Aber nicht zu spät.*
Tochter: *Wie wär's mit dem Gottesdienst um zwei?*
Mutter: *Oh, wolltest du* in die Kirche *gehen?*
Tochter: *Keine Ahnung, was meintest du denn?*
Mutter: *Eine Runde über den Friedhof aus Tradition?*
Tochter: *Klingt nett. Wir könnten auf dem Grab eine Kerze anzünden?*
Mutter: *Eine Kerze?*
Tochter: *Ja?*
Mutter: *Okay, meinetwegen kannst du das gern tun.*

An der Wand in der Küche hat sie ein Foto von Oma aufgehängt, sie steht im Garten und zieht einen Zweig des Apfelbaums zu sich herunter, hält die weißen Blüten vor das Gesicht, ihre Augen sind geschlossen. Ein schönes Foto, sage ich. Hm, sagt meine Mutter. Sie stellt sich neben mich und beugt sich zu dem Foto vor. Unsere Oberarme sind kurz davor, einander zu berühren. Ja, da ist sie in ihrem Element, sagt meine Mutter. Vermisst du sie?, frage ich. Natürlich vermisse ich sie, sagt meine Mutter, und Weihnachten macht die Sache nicht gerade leichter. Da spürt man es am meisten, die Sehnsucht nach Menschen, die nicht da sind. Das geht uns wohl allen so, ob man drei ist oder fast sechzig. Natürlich vermisst man seine Mutter.

Bei der Beerdigung stand sie irgendwie leicht schräg, halb vom Geschehen abgewandt, als wäre sie während der gesamten Zeremonie im Begriff zu gehen. Anschließend, als wir nebeneinander auf der Kirchtreppe standen, meine kleine Schwester, ich und meine Mutter, in dieser Reihenfolge, in der grellen Junisonne, ein Sammelplatz für Umarmungen und Schulterklopfen und Händedrücke, die die Menschen loswerden wollten, bevor sie nach Hause gingen, sich in ihre Autos setzten und mit ihrem Leben weitermachten, fiel mir auf, wie sich ihr Körper aufgerichtet hatte, wie er eingehende Liebkosungen und Worte entgegennahm, fast so, als gehörte er einem aufgeregten Mädchen mit dem Abschlusszeugnis in der Hand: Sie hatte alle Prüfungen bestanden und Bestnoten eingeheimst, jetzt stand ihr die Welt offen.

Ich werde Omas Merkverse an Anna weitergeben. Va-Ta-La-Po-A werde ich psalmodieren. Und Kvæ-Ly-Ul-Ba-Hå-Ma. Fjorde, eingeteilt nach ihrer Region. Varangerford, Tanafjord, Laksefjord, Porsangerfjord, Altafjord. Kvænangen, Lyngen, Ullsfjord, Balsfjord, Håjafjord, Malangen. Auch das Weihnachtslied *Julekveldsvisa* werde ich ihr beibringen, wir werden es zusammen singen. Gemeinsame Erinnerungen an Lieder und Gedichte knüpfen ein Band, habe ich gelesen. Ich werde ihr erzählen, was Karen bedeutet, was der Name ihres Vaters bedeutet, und ich werde sie fragen, ob sie noch weiß, was Anna heißt. Weißt du das noch, mein Schatz, werde ich sie fragen. Ich nenne sie gerne so, mein Schatz?, man darf einen anderen Menschen mit einem besitzanzeigenden Fürwort ausstatten, wenn man nicht ständig zusammen ist oder ein wie auch immer geartetes Eigentumsverhältnis vorliegt. Mein Schatz, sagte meine Oma zu mir und strich mir mit ihrer rauen, nach Zwiebackbröseln und Kefir duftenden Hand über die Wange.

Rein, sagte meine Mutter. Sie sah sich oft gezwungen, mich an die Bedeutung meines Namens zu erinnern. Über mein Zimmer sagte sie: Es sieht aus wie ein Bordell. Dann war es meine Aufgabe, über die Spanne zwischen den beiden nachzudenken. Rein, Bordell. Sie habe versucht, einen gewissen Standard zu setzen, sagte sie auch.

Rein, reiner, am reinsten. Ich habe mir einen Dokumentarfilm über eine dreißigjährige Nonne angeschaut, sie hatte sich mit fünfundzwanzig entschieden. Das heißt, eigentlich habe ja nicht ich die Entscheidung getroffen, sondern Gott. Wir können es gern Berufung nennen. Einer Berufung wohnt die Gewissheit inne, dass man zu sehr geliebt wird, um sich widersetzen zu können. Als Nonne muss ich auf vieles verzichten. Eigenwille, Ehe, Eigentum, bestimmen zu können über die eigene Zeit und mein Umfeld, Karriere, Urlaub, Kinder. Es kommt vor, dass ich den Wunsch nach einem Mann und Kindern verspüre. Hm, unterbrach sie sich, aber das reicht nicht. Ich lebe lieber in einer Beziehung mit Gott. Dann wurde sie still. Aber, sagte sie nach einer langen Pause, es gibt schon eine Art Sehnsucht. Den Wunsch nach einem Menschen, den ich mein Eigen nennen kann. Einem Kind – na ja, nicht, dass man ein Kind besitzen könnte –, das sage ich nur, weil Menschen es so ausdrücken. So reden wir halt. *Mein* Kind. Diese Worte werde ich niemals aussprechen können. Ich nehme an, in dieser Erkenntnis steckt ein gewisser Schmerz. Trotzdem: Auch die Beziehung zu Gott ist eine Liebesbeziehung.

Wer oder was ist in der Lage, den beziehungslosen Menschen zu verletzen?

An einem Abend im November, vielleicht um die Dunkelheit komplett zu machen, lieh ich mir den Film über den Mann aus, der bis zum Äußersten geht und alles zurücklässt, die kleine Schwester, die Mutter, den Vater, das Lächeln und Nicken der Nachbarn, das Lachen der Kollegen, gegenseitiges Händeschütteln. Seine letzten Minuten verbringt er in einem alten Buswrack in der Wildnis Alaskas, er liegt auf dem Rücken, abgemagert bis auf die Knochen mit Kleidern, die um die wachsartige Haut schlackern, und einem Herz, das zunehmend langsamer schlägt. Wie der Bus ursprünglich dorthin gekommen ist, ist ein Rätsel, wie der junge Mann dorthin gekommen ist, eine lange Geschichte, alle Menschen, die er trifft, sind von seinen Worten und Taten berührt, aber er selbst wünscht keine Gemeinschaft, braucht keine Gemeinschaft, sagt er, glaubt er, »Not anymore«, antwortet er, wenn jemand fragt, ob er Familie hat, er suche nach der Wahrheit, sagt er auch, und endlich findet er sie. Ja? Glück ist nur echt, wenn man es teilt, zu diesem Schluss kommt er durch Lesen, Reflektieren, Erleben, schafft es gerade noch, die Antwort in den Birkenstamm zu ritzen, schafft es gerade noch zu denken, dass es jetzt an der Zeit ist zu gehen, erneut den Fluss und die Ebenen zu queren und sich der Angst vor abscheulichen menschlichen Abgründen und Beweggründen zu stellen, zu ihnen zurückzukehren, aber dann kommt der Frühling und spült den Winter fort, kommt der Sommer, kommt die Flut, und der Fluss, den er überqueren will, ist zu tief und zu schnell, zu gefährlich, und die Frage, inwieweit die Glückstheorie überprüft werden kann, ob sie sich in der Praxis als wahr herausstellen würde, bleibt unbeantwortet, und den Rest kann man sich vermutlich ganz leicht vorstellen: die letzten Atemzüge, der Blick zum Himmel durch ein Loch im Dach des Busses, Wölfe, die den Kreis um ihn enger ziehen, Wind, der meilenweit über die Wildnis fegt, der Geruch von Menschenpisse, bald von Fleisch.

Wie lange hast du vor zu bleiben?, fragt meine Mutter. Wenn du willst, bleibe ich gern bis zum zweiten Weihnachtsfeiertag, sage ich. Anna kommt sowieso nicht vorher nach Hause. Und dann kommst du an ihrem Geburtstag zu uns, so können wir den auch zusammen feiern? Sie sieht mich an. Was ist los? Du sollst aber nicht hier sitzen, weil du dich dazu verpflichtet fühlst. Dann sagt sie nichts mehr. Sie will sich nicht streiten, ich bin ihr Weihnachtsgast, und wir haben gerade erst angefangen zu feiern. Ich schenke mehr Punsch nach, nehme mir von den Rosinen, spüre ihren Blick auf meiner Hand, ihre Art, meine Bewegungen zu beurteilen. Vermutlich gibt es eine richtige Antwort auf die Anzahl an Rosinen und Mandeln pro Becher. Wahrscheinlich gibt es auch eine richtige Antwort auf die Frage, wie Mutter und Tochter miteinander umgehen sollten, warum um alles in der Welt kann dann nicht eine mitfühlende Seele einen entsprechenden Zettel für uns hochhalten und laut vorlesen, was darauf steht: Wir sind ganze viele, die das wissen wollen.

Sag, dass du mich hier haben willst! Gib mir den einfachsten Grund zu bleiben!

Die Wichtel auf dem Fensterbrett sehen mich an, die Vorhänge mit Dompfaffen in Strohbündeln sehen mich an, die Tischläufer, die roten Seidenschleifen, die an allen möglichen Gegenständen hängen, das Rentier im Flur, die Weihnachtskugeln und Girlanden, die Kerzenständer, die meine kleine Schwester im Werkunterricht gedrechselt hat, oder war ich es gewesen, die Krippe mit den kleinen Holzfigürchen, sie sehen mich an, und der selbst gemachte Adventskalender aus rotem Filz, die Weihnachtsmäuse auf dem Tisch, die alten Sterne in den Schlafzimmerfenstern, die Kissen, die Bettwäsche, mein Porzellanbecher mit den tanzenden Wichteln, alles sieht mich an, vorwurfsvoll, sie sagen: Welche Beweise suchst du eigentlich? Was soll sie dir geben – einen brennenden Busch? Glaubst du wirklich, dass sie uns aufbewahrt hat, uns zum bald vierzigsten Mal weggepackt und wieder hervorgeholt hat, alles hier hergerichtet hat – und das ihretwegen?

Dann soll der Baum geschmückt werden. Ich habe mich dieses Jahr für ein kleines Exemplar entschieden, sagt meine Mutter und nickt zu dem kümmerlichen Tännchen in der Wohnzimmerecke. Zum einen musste ich ihn allein tragen können, zum anderen gibt es ja nicht so viele Geschenke, wenn nur du und ich hier sind, und zum dritten habe ich keine Lust, zwischen den Jahren ständig Tannennadeln aufzusaugen, daher dachte ich, ein Baum von bescheidener Größe, der nicht die üblichen Ausmaße hat, täte es auch. Der Baum ist schön, sage ich. Ich sage nicht, dass ihre Erinnerung sie trügt, dass der Baum noch nie größer war und ich mich nie gefragt habe, warum. Sie hat die Angewohnheit, ihre Entscheidungen zu erklären, lange bevor jemand danach fragen kann. Ja, findest du nicht auch?, fragt sie. Wunderschön, sage ich.

Jede Kette und Girlande hat ihren festen Platz, alle Kugeln sind in einer bestimmten Reihenfolge, nach einem bestimmten Muster, aufzuhängen. Das Muster stammt von einem bestimmten Weihnachtsfest, dem letzten vielleicht, an dem wir alle versammelt waren. Weihnachten 1989, ein ziemlich junges Paar auf einem zerschlissenen Veloursofa, zwei Töchter auf dem Schoß, eine Sechsjährige und eine Dreijährige. Alle lächeln in die Kamera mit Selbstauslöser. Meine Mutter sitzt links, mit meiner kleinen Schwester auf dem Schoß, ich sitze bei meinem Vater. Oma steht hinter dem Sofa und nimmt trotz ihrer geringen Größe und schmächtigen Figur viel Raum ein, ihre Hand ruht auf der Schulter meiner Mutter, als würde sie über alles wachen, für alles sorgen, aber das macht nichts, ihre Finger können gut und gerne dort liegen, solange meine Mutter sicher weiß, dass sie auch *das hier* hat, sie schmiegt sich an meinen Vater, legt den Kopf auf seine Schulter und lächelt, und er erwidert ihr Lächeln, man sieht vor allem sie beide, man sieht vor allem die vier, nicht wahr? Dieses Bild befindet sich in einem Fotoalbum in diesem Wohnzimmer. Der Baum im Hintergrund mit den roten, weißen und grünen Kugeln, mit Gold und Silber, Wichteln und norwegischen Fähnchen, Lichterketten, Engelshaar und ganz oben auf der Spitze der glänzende Stern, alles, was im Begriff war, zu einer Tradition zu werden, alles, was ihnen gehörte, alles, was lange fortbestehen sollte. Alles, was sich seitdem verändert hat, nur das hier nicht. Meine Mutter kniet vor der mindestens dreißig Jahre alten Kiste mit Weihnachtsschmuck, sie dreht sich zu mir um, sie sagt: Jetzt ist Weihnachten, oder? Ja, sage ich und gehe ein paar

Schritte auf sie zu. Jetzt ist Weihnachten. Dann reicht sie mir die Kette aus Glanzpapier, die längste, die ich je gebastelt habe. Sie sagt: Die Trauer hört nie auf, Karen. Aber wenigstens vergeht die Zeit schneller.

Jedes Jahr hat seine Farbe, ein blauer, ein roter, ein grüner Papierstreifen, der mit dem nächsten verbunden wird, ein gelber vielleicht, der wiederum mit dem nächsten verbunden wird, Gold oder Silber, bis man eine ganz lange Kette zusammenhat, und siehe da, dort hängt deine Kindheit.

Zehn nach acht schaltet sie den Fernseher ein, bald bekommen wir den alten Sketch zu sehen, der jedes Jahr gesendet wird. Die Moderatoren, ein Mann und eine Frau, haben rote Wangen und sprechen voller Begeisterung über traditionelle Rippchen und wie man sie etwas exotischer gestalten kann, wenn man will, und wenn man es nicht will, ist es auch okay, Weihnachten bedeutet Tradition, und mit Traditionen sollte man nicht zu viel Schabernack treiben, es sei denn, man treibt gerne Schabernack und hat Lust, etwas Neues auszuprobieren, das kann ja auch richtig gut werden und muss überhaupt nicht schlimm sein, sagen sie. Sie haben drei Dekorateure gebeten, jeweils einen Tisch zu schmücken, der erste orientiert sich an der traditionellen Familienweihnacht, sagen sie, und die Dekorateurin erläutert die Farbwahl, die Materialien, das besondere Etwas. Während sie erklärt, fuchtelt sie hektisch mit den Armen über den Gedecken und der Deko. Selbst gebastelter Weihnachtsschmuck vom Kindergarten hat Charme, nutzen Sie ruhig, was Sie geschenkt bekommen haben, und richten Sie zu Hause gern eine eigene Weihnachtswerkstatt ein, sagt sie in die Kamera, Glanzpapier unter die Gläser, Filzwichtel auf die Decke, dann bekommt man tatsächlich 1: etwas Schönes, das man zusammen macht, 2: noch mehr zerknitterte Weihnachtssachen, die jedes Mutterherz zum Schmelzen bringen. Darüber lachen sie herzhaft, alle drei. Es hat nicht den Anschein, als wäre einem von ihnen klar, dass heute der Tag vor Heiligabend ist, dass derjenige, der es nicht geschafft hat, mit seinen Kindern eine Weihnachtswerkstatt einzurichten, verloren hat.

Ich kann nicht nachvollziehen, was das Hauptproblem ist, sagte meine Freundin. Du erlebst eine Trennung, du machst dir Sorgen um dein Kind, du vermisst es, du wirst von Schuldgefühlen geplagt, jetzt feiert sie Weihnachten bei ihrem Vater, du bei deiner Mutter, schön und gut, aber bei allem, was du sagst, bei allem, was dich beschäftigt, was ist eigentlich das Hauptproblem?

Die Moderatoren sehen mich an. Ihr Lächeln von vorhin, als sie über Rippchen und Traditionen sprachen, ist verschwunden. Sie warten.

Ist die Frage klar?

Ja.

Möchte die Kandidatin einen Joker nutzen?

Habe ich einen Joker?

Sie können wählen zwischen Internetsuche, Telefongespräch und Bedenkzeit.

Dann wähle ich Bedenkzeit.

Die Kandidatin bittet um Bedenkzeit.

(Sie unterhalten sich leise mit der restlichen Jury.)

(...)

Die Kandidatin erhält eine Minute Bedenkzeit.

(Ton: Stoppuhr, die zur Melodie von *Last Christmas* tickt.)

Das Hauptproblem, sage ich, liegt in der Bewegung. Sich aufs Erwachsenwerden zu freuen, erwachsen zu werden, in die Rolle der Erwachsenen hineinzuwachsen, die Rolle des Kindes abzuschütteln, das Gefühl, erwachsen zu sein, zu stärken, indem man ein eigenes Kind bekommt, für das Kind eine Erwachsene zu sein, sich sicher zu sein, dass man einen deutlichen Abstand zum eigenen Kindsein eingenommen hat, dann aber der Aufgabe nicht gerecht zu werden, gerne können wir auch sagen, eine wenig erwachsene Entscheidung zu treffen, auseinanderzureißen und einzureißen, selbst wieder Kind zu werden und damit sein Kind im Stich zu lassen.

(Ton: Unsicheres Gemurmel im Publikum.)

Ich war Tochter, sage ich, dann wurde ich Mutter, ich bekam eine Familie, ich verlor sie, jetzt weiß ich plötzlich nicht, wie ich Mutter sein soll, und habe es nie geschafft, Tochter zu sein.

(Ton: Der Mann im Moderatorenteam räuspert sich.)

Ist das die Antwort?

Ich nehme es an.

Das verstehen wir nicht.

Was verstehen Sie nicht?

Wir dachten, Sie würden sich um Ihre Tochter sorgen.

Ja?

Sie sprechen fast ausschließlich über sich.

Als Mutter.

Oder als Kind. Das verstehen wir nicht.

Halb erwachsen, halb Kind zu sein.

Ja?

Sie passt sich schon an.

Führen Sie das näher aus.

Manche Tiere entwickeln mütterliche Eigenschaften, wenn sie zu früh verlassen werden. Übernehmen die Rolle des Erwachsenen, des Sorgenden.

Sie haben sie doch nicht verlassen?

Nicht?

Nein.

Was denn sonst?

Sie haben sich in Ihrer eigenen Verzweiflung vergraben.

Nein. Das stimmt nicht. Ich mache mir Sorgen.

Mag sein, dann haben Sie sich in Ihrer eigenen Besorgtheit vergraben.

Nein! Ich – nein, hier geht es um etwas anderes!

Was denn?

Ich meine – ich will, dass sie ganz Kind sein darf.

Dann müssen Sie
versuchen, sich wie eine Erwachsene zu
benehmen.

Schuldgefühle für das, was man getan hat, tut, weiterhin tun wird. Jeden zweiten Sonntagabend wasche ich in der Badewanne ihren schmächtigen Rücken, als wäre sie schon auf dem Weg von mir weg, als würde ich sie dorthin schieben, zu ihm, mit meinen viel zu schnellen, zielstrebigen Händen auf ihrer fast durchscheinenden glatten Haut. Morgen gehst du zu Papa, sage ich. Keine Reaktion, sie planscht weiter mit den Bechern und der gelben Ente, ich lege den Waschlappen auf die Fliesen und wiederhole es noch einmal. Kann ich die Seife haben, sagt sie und greift nach der Flasche mit dem rot glänzenden Inhalt, aber ich will, dass sie sich umdreht und mich ansieht. NEIN!, kommt es entschieden aus meinem Mund, und ich frage mich, welche Mutter aus mir spricht, wenn sich die Stimme so verhärtet, Oma oder meine eigene Mutter, so will ich nicht sein, so hart, Anna, ich habe dich was gefragt, fahre ich fort. Mmm, sagt sie, was mmm?, frage ich, und sie planscht weiter. Macht es dich vielleicht traurig, wenn du von Mama wegmusst?, rede ich weiter, denn das verstehe ich, mein Schatz, mich macht es auch ganz traurig, musst du wissen, Mama liebt dich und denkt die ganze Zeit an dich, auch wenn du nicht die ganze Zeit hier bist, hörst du, mein Schatz, verstehst du, dass Mama traurig ist? VERDAMMT!, warum hörst du mir nicht zu, wenn ich mit dir rede?, und jetzt dreht sie sich um und sieht mich an, denn jetzt habe ich mit aller Kraft auf das Wasser geschlagen und alles durcheinandergewirbelt, in der Badewanne und in ihr, in mir, ich habe sie angeschrien und geflucht, das soll man nicht machen, jedenfalls nicht, wenn man geschieden ist und sich alle kleinen Fehltritte wie heftige Übergriffe anfühlen, entschuldige, mein Schatz, sage ich, wie sieht sie mich bloß an, was denkt sie, warum kann sie nicht zeigen, dass sie traurig ist. WAS DENN?, wünsche ich mir ein Kind, das traurig ist, JA!, ich will, dass sie mich liebt und vermisst, ich meine, NEIN!, es ist nicht ihre Aufgabe, traurig zu sein, Mama?, kommt es vorsichtig, sie hat Schaum am Kinn, Schaum auf den Wangen, Ja, mein Schatz?, sage ich. Weinst du?, fragt sie, und ich nicke, ich habe nichts mehr zu verbergen, nichts mehr zurückzuhalten, ich kann einfach alles herauslassen, den ganzen Mist, jetzt hat sie es gesehen, ich kann nicht mehr, ich schaffe das nicht. Da kommt ihre Hand, schaumig, schrumpelig und erschreckend klein, was jetzt passiert, darf nicht sein, solchen Szenarien möchte man nicht beiwohnen, ihre nassen Finger berühren meine Wange, ihre Stimme sagt: Alles wird gut, Mama. Alles wird gut.

In zwanzig Jahren nimmt sie vielleicht an einer Umfrage teil, und dann wird sie vermutlich zu denen gehören, die sagen, die Regelung habe sie selbstständiger gemacht, im Guten wie im Schlechten, zum Beispiel wird sie jetzt als Studentin der Umzug von WG zu WG nicht stressen, sie ist ein solches Leben gewöhnt, ist an einem bestimmten Ort nicht mehr oder weniger zu Hause als an einem anderen. In gewisser Hinsicht hat sie immer das Gefühl, mit gepackten Taschen bereitzusitzen.

Und im Schlechten?

Zeitweilig stelle ich sie mir als Erwachsene vor, wie sie mich pflegt, wenn ich alt bin, die Bettwäsche wechselt, jeden zweiten Tag nach der Arbeit ins Seniorenheim kommt. Lange davor: wie wir zusammen Weihnachten feiern, sie ist zwanzig, dreißig, vierzig. Warum kommt sie, warum macht sie das? Aus Pflichtgefühl? Aus Liebe? Aus Lust? Wie viele Weihnachtsfeiern habe ich verdient? Und wie viele Punkte habe ich für die ersten Jahre bekommen, die wichtigsten? Die *Test*-Jahre. Vielleicht habe ich sie nicht ernst genug genommen, habe nicht begriffen, dass ich getestet wurde. Vielleicht habe ich vergessen, dass sie eines Tages zu ihrem eigenen selbstständigen Ich erwachen würde, dass sie krabbeln, stehen, lesen, sprechen und mir erzählen könnte, was sie eigentlich von ihrer Kindheit hielt, von der halben Zeit mit mir und der halben Zeit ohne mich, wie sie sich bei mir gefühlt hat, was für eine Mutter ich eigentlich war, vielleicht habe ich vergessen, dass sie eines Tages aufstehen und gehen könnte.

Bald kann sie ja wie ich in einem Sessel vor dem Fernseher sitzen am Tag vor Heiligabend und denken, dass sie das nicht will, nicht so, sie hat keine Lust, so zu tun, als wäre alles toll, *einen auf gemütliches Weihnachtsfest zu machen*, und vielleicht steht sie auf und sagt, dass sie unglaubliche Angst davor hatte, es mir zu sagen, dass sie sich so verflucht schlecht fühlt, weil ich ja die Einzige bin, die sie hat, und darüber denkt sie ganz viel nach und zieht entsprechende Konsequenzen, aber irgendwann muss Schluss sein, sie ist mein Kind, ein Kind kann nicht auf diese Weise Verantwortung für die Mutter tragen, und falls sie das sagt, kann ich entscheiden, ob ich ihr zuhören und mich daran erinnern will, dass das, was sie sagt, auch mir einmal auf der Zunge lag und fast über meine Lippen gekommen wäre, vor mehr als dreißig Jahren, oder ich kann mich von ihr verletzen lassen, bedrohen, JA!, dafür entscheide ich mich, entscheide mich für die Angst und die Verteidigung und den Angriff, mein Kind, mein Kind, warum hast du mich verlassen!, so wie meine Mutter und deren Mutter und Omas Mutter sich ebenfalls für die Angst und die Verteidigung und den Angriff entschieden haben. Mütter hören nicht auf, ihre Töchter anzuklagen. Töchter hören nicht auf, ihre Mütter anzuklagen. Wer zuerst den Mund aufmacht, hat verloren. So schweigen beide, um den Verstand zu wahren. Und schon hat sich der verfluchte Kreis – wie man sagt – geschlossen.

Trotzdem vermehrt sich der Mensch auch weiterhin, sorgt für Nachkommen auf der Welt. Feiert Weihnachten.

Sinn des Sketches ist es, über die alte Lady zu lachen, die inmitten der vielen leeren Stühle an dem festlich gedeckten Tisch sitzt, in einer Zeit, die es nicht mehr gibt, nach Kräften unterstützt von einem lallenden Butler, es ist sein Job, sie glücklich durch die Festtage zu bringen. Zu spielen, was war, um zu retten, was ist. Ich blinzele zur Decke, zu spät, meine Mutter hat es gesehen. Mensch, Karen, sagt sie. Gelächter dröhnt und knistert aus den Fernsehlautsprechern, jetzt trinkt er das Wasser aus der Blumenvase und verflucht die Katze. Ich vermisse Anna, sage ich.

Sie hat eine Flasche Wein aufgemacht und den Fernseher leiser gestellt, alle Mitwirkenden in der Sendung haben sich auf der Bühne versammelt und wiegen sich hin und her, ihre Münder bewegen sich. *Do they know it's Christmas time at all,* sagt der Untertitel. Ich weiß nicht, warum, sagt meine Mutter, aber mir fiel wieder ein Traum ein, den ich oft hatte, als ihr klein wart, du und deine kleine Schwester. Wir standen auf einem Anleger, ich habe keine Ahnung, warum wir dort standen und wie ich mit euch da hingekommen war, und eigentlich war es auch kein Anleger, eher ein schmaler Steg über einen See tief im Wald, helle Planken, neue, als hätte sie jemand frisch verbaut, und ich weiß nicht genau, was ich dort will, es ist jedenfalls Abend, und aus irgendeinem Grund spazieren wir über diese Planken über dem Wasser, du vorne, ich in der Mitte und deine Schwester hinter mir, und irgendwoher weiß ich, dass wir es eilig haben, dass wir längst zu Hause sein müssten, dass Essen auf dem Herd steht oder etwas anderes ist, ich weiß nicht genau, was, da sehe ich plötzlich, dass die Planken aufhören, einfach so, mitten auf dem Wasser hören sie auf, aber du bleibst nicht stehen, oh nein, du gehst wie üblich munter drauflos, ich sehe, wie deine Füße ins Nichts treten, dein Körper verschwindet geradewegs in dem dunklen Wasser, ganz ruhig, kein Kreis auf der Oberfläche, als sollte es so sein, als sollte es die ganze Zeit passieren. Doch dann fängt deine kleine Schwester an zu quengeln, und in dem Moment begreife ich den Ernst der Lage, trotzdem bringe ich es nicht fertig, etwas zu unternehmen, weil mich folgender Gedanke lähmt: Wenn ich dir hinterherspringe, kann ich nicht sicher sein, dass deine kleine

Schwester stehen bleibt. Denn wenn eine Zweijährige sieht, wie zuerst die große Schwester und dann die Mutter ins Wasser springen, wird sie glauben, dass sie es uns nachmachen soll. Darum sehe ich mich um nach etwas, womit ich sie festbinden kann, das dafür sorgt, dass sie dort bleibt, auf den Planken, damit ich dir hinterherspringen und nach dir suchen kann, damit sie immer noch da ist, wenn ich wieder auftauche, um Luft zu holen oder weil ich dich in den Armen halte, aber ich finde nichts, keinen einzigen Schal oder Gürtel oder was auch immer, ich habe nichts, womit ich sie festbinden kann, und die Wasseroberfläche ist ganz still, keine Luftblasen, drei Minuten verstreichen, vier, acht, und ich stehe da, hysterisch gelähmt oder wie auch immer man das nennt, ich kann weder Arme noch Beine bewegen, und deine kleine Schwester weint, und ich weiß ja, wie lange oder besser gesagt wie kurz das menschliche Gehirn, das noch nicht voll entwickelte menschliche Gehirn, ohne Sauerstoff auskommt, wie wenige Minuten verstreichen dürfen, bevor es stirbt, und ich stehe einfach nur da und schreie, schreie, schreie.

Dann bist du aufgewacht, sage ich. Nein, sagt sie. Warum erzählt sie mir das? Oder doch, sagt sie, aber ich zwang mich jedes Mal weiterzuträumen. Ich hoffte, wenn ich dort bliebe, wenn ich lange genug an dem grausamen See wartete, würde mich der Traum vielleicht mit einem Wunder belohnen, zurückspulen oder so, damit ich mich auf dich stürzen kann, bevor du ins Leere trittst, und dann könnten wir zusammen nach Hause gehen, alle drei. Ich weigerte mich, die Augen zu öffnen, ich musste dich retten. Aber das kannst du nicht, sage ich. Ich meine, das konntest du ja nicht. Es war ein Traum. Jetzt hör gut zu, sagt meine Mutter. Beim letzten Mal war alles anders. Inwiefern?, frage ich. Na ja, sagt sie, es war so, dass ich mich weigerte, die Augen zu öffnen, ich träumte weiter, weiter, weiter, wir standen einfach nur da, standen da, standen da, deine kleine Schwester und ich, dann geschah etwas Seltsames. Ihr Alter änderte sich, im einen Moment war sie zwei, dann war sie acht, dann wieder zwei, dann fünfzehn, dann elf, dann vier. Und jetzt passierte es. Wir hatten aufgehört zu weinen, alles war still. Da spürte ich einen seltsamen Sog, eine Art Vakuum, wie man es vielleicht bei einem Tsunami erlebt, keine Ahnung. Ich dachte: Jetzt öffnet sich das Wasser, jetzt werden auch wir verschluckt. Aber dann sagte plötzlich eine Stimme Mama, und es war nicht deine kleine Schwester, ich drehte mich um und dort standest du, hinter uns am Ufer, du winktest, Mama, Mama!, und lächeltest, triefnass natürlich, Haare und Kleider klebten dir am Körper, und du warst nicht mehr fünf, du warst sieben, und wenn das stimmte, hattest du gerade schwimmen gelernt, und ich hatte vergessen, dass ich es dir beigebracht hatte, etwas so Einfaches, etwas so Lebenswichtiges, inmitten von all dem anderen, das ich nicht auf die Reihe zu kriegen glaubte.

Es wird elf, halb zwölf, zwölf. Fröhliche Weihnachten, Mama, sage ich. Fröhliche Weihnachten, Karen, sagt sie. Trotz allem. Sie gießt mein Glas voll, hebt ihr eigenes hoch, um anzustoßen. Die Stunden stapfen weiter, unabhängig davon und ganz sicher auch nicht ahnend, wo Anna sich befindet. Breiten neue Tage aus, machen keine Anstalten innezuhalten. Ich denke an die halbierte Zeit. Die Tage zusammen, die Tage getrennt. Ich denke an die tatsächliche Bedeutung von Überlebenswille und Einstellung. Wozu man seine Gehirnzellen zwingen kann. Ganz tief unten, unter allen Traditionen, könnte dieser Abend ein ganz normaler Freitag sein, und an anderen Orten in dieser Welt wird Heiligabend sich wie ein ganz normaler Samstag benehmen. Irgendwann wird mein Kopf das lernen. Um fünf vor eins stehe ich auf und sage, dass ich meinen Schlaf brauche. Meine Mutter nickt. Den brauchst du bestimmt, sagt sie. Morgen wird ein langer, gemütlicher Tag. Du brauchst deine Kräfte.

Das Rote Riesenkänguru hat sich als ungewöhnlich anpassungsfähiges und zeitgemäßes Geschöpf herausgestellt. Über zig Generationen hinweg hat sich die Größe des Bauchbeutels wohl so weit zurückgebildet, dass fast nur noch eine unsichtbare Hautfalte übrig ist, die aussieht wie eine Kaiserschnittnarbe. Gleichzeitig, quasi zum Ausgleich, hat das Kängurukind auf dem Rücken einen elastischen Beutel ausgebildet, eine dünne, aber strapazierfähige doppelte Hautschicht, die sich bei Bedarf ausdehnt und hinterher wieder zusammenzieht, der Beutel wächst proportional zum Rücken, auf dem er sitzt, bald ist er groß genug, um den Körper der Mutter aufzunehmen. Sie hüpft vorsichtig auf den Rücken des Jungtiers und gleitet hinein. Dann geht es los. Die frühere Fortbewegungsgeschwindigkeit von bis zu fünfundsechzig Kilometern pro Stunde ist stark reduziert, auch die Sprünge fallen aus naheliegenden Gründen deutlich kürzer aus, ungefähr zwei statt zehn Meter, und das Gewicht der Mutter ist natürlich eine riesige Belastung, ganz klar, dennoch ist sich die Herde einig, dass dies trotz allem die beste Lösung ist.